AMY WINEHOUSE

UNE ICÔNE REBELLE

Amy Winehouse en
concert au Festival
Lollapalooza, Chicago,
États-Unis,
le 5 août 2007.

© Hugo & Cie, 2012
38, rue La Condamine,
75017 Paris
www.hugoetcie.fr

Dépôt légal : août 2012
ISBN : 9782755610284

Amy Winehouse
sur la scène du Paradiso,
à Amsterdam,
le 9 février 2007.

FLORENCE TRÉDEZ

AMY WINEHOUSE

UNE ICÔNE REBELLE

Hugo&Cie

“LA ROUTE DE L’EXCÈS MÈNE AU PALAIS DE LA SAGESSE”

William Blake

Amy Winehouse sur scène
au Festival Coachella Valley Music and Arts,
le 27 avril 2007, en Californie.

à Isabelle Solal « des Solal »

à « l'enfant intérieur » d'Amy

SOMMAIRE

Amy Winehouse sur la scène du V Festival 2008 à Hylands Park, Chelmsford Angleterre, le 17 août 2007.

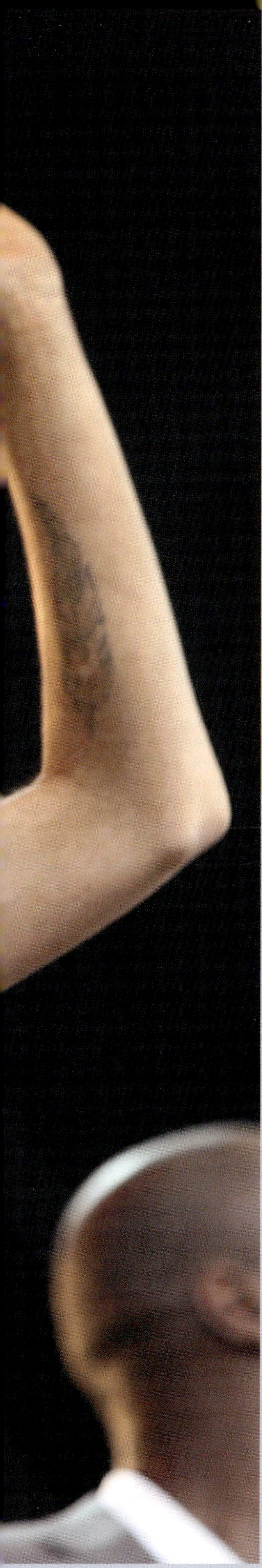

C'EST L'HISTOIRE D'UNE FILLE QUI NAÎT PUIS QUI MEURT.

ENTRE LES DEUX, IL SE PASSE DES TRUCS.

BREF, C'EST L'HISTOIRE D'AMY WINEHOUSE.

Si Amy avait été une héroïne de bande dessinée, elle aurait eu le caractère frondeur d'Eloïse, la petite peste croquée par Kay Thompson, la silhouette filiforme d'Olive, la fiancée de Popeye, et la choucroute menaçante de Marge Simpson.

Si Amy avait été cadre chez EDF, elle aurait été virée depuis longtemps. Dans un monde où la réussite sans états d'âme, la compétition à tout crin, le politiquement correct et la nécessité d'être impeccable à toute heure de la journée font force de loi, ses levers de coude à pas d'heure, ses addictions de toutes sortes, son hystérie sentimentale, ses annulations compulsives de rendez-vous professionnels, ses crêpages de chignon et ses replâtrages de make-up auraient vite été remarqués par la direction.

Au lieu de cela, Amy Winehouse a choisi, ou plutôt le Destin a choisi pour elle, d'être une étincelante comète soul égarée dans un ciel encombré de météorites sans éclat.

Avec sa voix de contralto pleine d'âme qui aurait fait pleurer des rivières à une pierre, son génie naturel du tempo, sa manière de vivre ses chansons comme si chaque minute de son existence en dépendait, ses dons d'auteur-compositeur pour trousser des classiques instantanés et des paroles grinçantes sur de drôles d'histoires d'amour tordues, son look intemporel croisant les époques, les styles et les références, elle avait un talent unique.

En plus, elle ne la ramenait pas, ce qui est toujours sympa.

Amy Winehouse était comme un fleuve nourri de plusieurs affluents. Habité par les fantômes du passé, par l'histoire de sa grand-mère bien-aimée Cynthia, par l'histoire juive, par l'histoire du jazz et de ses grandes divas tourmentées. Possédé par l'esprit de la soul des années soixante, du reggae et du ska des années soixante-dix, de la pop des années quatre-vingt et du hip hop des années quatre-vingt-dix. Traversé aussi par un trop-plein d'amour, de lucidité, d'intelligence et de sensibilité, qui se traduira par un trop-plein d'alcool, de drogues et de grand n'importe quoi.

Amy était une héroïne moderne avec un arrière-goût rétro, une jeune Blanche qui chantait comme une vieille Noire, une Anglaise avec des influences américaines, une féministe soumise à son homme, une fille de son temps qui refusait d'adopter les méthodes de son époque : psy, rehab, cures en tous genres.

Une fille à l'ouïe fine qui disait « no, no, no ».

C'était aussi quelqu'un qui disait que, non, elle ne prendrait pas sa guitare pour avoir l'air d'une vraie musicienne dans son clip, car ce qu'elle veut, c'est ressembler à tout le monde. Et toucher, par sa voix et sa musique, ceux qui savent encore écouter les vrais artistes sur notre belle planète bleue. De ce côté-là, en tout cas, c'est plutôt réussi.

Bref, c'est l'histoire d'une fille qui s'appelait Amy Winehouse.

1 DADDY'S GIRL

Amy Jade Winehouse est née le 14 septembre 1983, à l'hôpital Chase Farm, à Enfield. Des hôpitaux, elle en fréquentera plusieurs. Celui-ci est un vaste établissement victorien qui a de vagues airs de Poudlard, l'école de sorcellerie d'Harry Potter, avec sa tour-horloge surmontée d'un toit en ardoise, reliquat d'un ancien orphelinat. Un aspect typiquement britannique, hors du temps.

Justement, la venue au monde de la première fille de Janis et Mitchell Winehouse, qui ont déjà un fils, Alex, né quatre ans plus tôt, a quelque chose d'un peu magique, voire cartoonesque. Le premier accouchement avait été pénible, pour le deuxième, dix minutes à peine sont nécessaires : le nouveau-né tombe quasiment de la table de travail, rattrapé au vol par l'équipe médicale. « On en plaisante encore, dira Mitch, son père. Elle s'est dépêchée de sortir et maintenant elle est toujours pressée. » Amy n'a pas une minute à perdre. Elle trace.

Bébé, elle est le portrait craché de son frère. Des yeux noirs, assez surprenants sur cette bouille enfantine, un regard intense qui vous fixe, des cheveux noirs, eux aussi, bouclés. Elle a aussi les mêmes traits que sa mère, Janis, une préparatrice en pharmacie née à Brooklyn mais venue en Angleterre à l'âge de deux ans, qui a épousé Mitch, un vendeur de double vitrage. (Il deviendra plus tard chauffeur de taxi.) Les parents d'Amy sont tous les deux juifs. Les grands-parents de Mitch, des émigrés russes qui ont rallié la Grande-Bretagne dans les années vingt, se sont installés, comme beaucoup d'autres membres de la communauté juive, à l'est de Londres. Une grande famille unie, avec beaucoup d'oncles et tantes, qui a connu des deuils précoces, comme la mort

Amy Winehouse agée de 2 ans.

Amy Winehouse âgée
de 4 ans, dans les bras
de son frère aîné Alex.

du père de Mitch, disparu à quarante-trois ans, ou celle de son oncle, décédé à quarante-sept ans.

Janis vient du même quartier. « Mes parents habitaient dans la même rue, à l'est de Londres, quand ils étaient petits, mais ils ne se connaissaient pas. Ma mère avait juste entendu parler de mon père comme du garçon en haut de la rue qui volait les couvercles de poubelle et puis, finalement, ils se sont mariés, confiera Amy. Très romantique. »

Le mariage conclu, le couple fait comme ce fût le cas de beaucoup de Juifs à Londres pendant l'entre-deux-guerres, qui ont déménagé de l'est de la capitale vers le nord, et s'installe dans un petit deux-pièces à Southgate. Southgate est une banlieue résidentielle, réputée pour ses parcs, ses pubs, ses maisons des années vingt et trente en brique rouge, ses cinq synagogues, ses trois cimetières juifs. Là aussi, le temps semble s'être arrêté aux années soixante. À la naissance d'Amy, Janis et Mitch optent pour une maison jumelée des années trente, plus vaste avec ses trois pièces, dans une rue tranquille, bordée d'arbres. À première vue, la famille semble unie, aimante. « Il y avait beaucoup de baisers et de câlins, dira Mitch. Beaucoup d'histoires racontées avant d'aller au lit et ce genre de choses. Une famille parfaitement normale. »

AMY ÉTAIT UNE ENFANT MAGNIFIQUE, TOUJOURS AFFAIRÉE, TOUJOURS CURIEUSE.

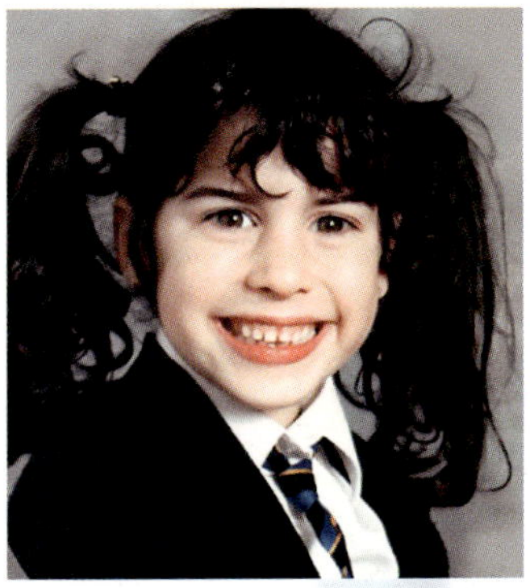

Sur les photos d'enfance, Amy, déguisée en Minnie Mouse ou en costume traditionnel pour la fête juive du Purim, Amy sourit, comme n'importe quelle petite fille heureuse. Janis, une femme plutôt calme et réservée, tempère quelque peu cette image idyllique en témoignant : « Amy était une enfant magnifique, toujours affairée, toujours curieuse. Elle était tout le temps de bonne humeur, mais elle était timide aussi. Elle n'a jamais été une enfant facile. » Allusion peut-être à deux événements qui ont marqué durablement la vie familiale. D'abord, alors qu'elle n'a que quelques mois, elle manque s'étouffer sur sa chaise haute avec un morceau de cellophane. Ensuite, âgée de deux ans et demi, elle se perd lors d'une promenade au parc avoisinant. « Sa mère et moi étions fous, a raconté Mitch dans le documentaire *My Daughter Amy*. En fait, Amy s'est dirigée vers une amie de ma sœur qu'elle avait vue au parc, et cette fille l'a ramenée chez elle. Mais elle ne nous a jamais appelés pour nous prévenir et, pendant six heures, on a cru qu'elle avait disparu. Quand elle a enfin raccompagné Amy, j'étais assis sur les marches de notre escalier, en larmes. Amy est venue vers moi et m'a dit : "Ne pleure pas, papa". » Là encore, le drame a été évité de peu.

En réalité, Amy n'est pas la seule à jouer innocemment les filles de l'air. Elle ne fait qu'imiter son père qui, depuis ses deux ans, est de moins en moins présent dans leur *home, sweet home*. Janis évoquera dans une interview au *Daily Mail* les raisons de cette absence : « Nous ne nous disputions jamais. Notre mariage était vraiment agréable, mais il n'était jamais là. Il était vendeur, souvent en déplacement pour son travail, mais pendant longtemps il y a eu une autre femme, Jane, qui est devenue sa seconde épouse. Je crois que Mitchell aurait voulu nous avoir toutes les deux, mais ça ne me convenait pas. » L'infidélité deviendra d'ailleurs un des thèmes familiers d'Amy qui le développe dans la chanson *What Is It About Men* sur l'album « *Frank* ». « Mon père était une ombre, racontera-t-elle plus tard. Il déménageait tous les deux ans. Je n'ai jamais compris ce qu'il fuyait. » On ne saura jamais non plus quelles angoisses

Amy fuyait en se livrant à ses diverses addictions : était-ce celles provoquées par la dépression probable de sa mère et l'adultère de son père, deux situations qui auraient pu être vécues confusément, à cet âge tendre, comme des abandons ?

Entre le père et la fille, qui sont très semblables de caractère selon Janis, il y a la musique ; elle les relie l'un à l'autre. Mitch, chanteur amateur doté d'une belle voix grave de crooner, se prend pour Frank Sinatra et Tony Bennett réunis. Il adule aussi les Beatles et écoute beaucoup de jazz. « Mon papa est super. Il est le Sinatra du karaoké. Il a toutes les bandes orchestre sur un CD dans son taxi. Il serait assez bon pour monter sur scène », dira Amy. Dès le berceau, la petite fille a appris à compléter les couplets que lui chante Mitch, car celui-ci laisse volontairement des trous dans ses phrases pour qu'elle prenne la suite. Ce réconfortant dialogue musical se poursuit ainsi tout au long de l'enfance mais se mue en monologue lors des absences paternelles. « Mitchell et Amy étaient très proches, assurera Janis. Son père lui chantait du Sinatra et comme il chantait sans arrêt, elle l'imitait, y compris à l'école. Ses professeurs ont même dû le lui interdire pendant les cours. »

Et puis il y a Cynthia, la mère de Mitch, qu'admire Amy, et dont elle se tatouera plus tard le prénom sur le bras droit. Un extrait d'un vieux film de famille en noir et blanc, diffusé à la télévision britannique, témoigne de sa beauté spectaculaire, à l'égal de celle d'une star de cinéma. Son profil à la Callas, sa masse de cheveux noirs crêpés en choucroute, ses yeux étirés à l'eye-liner ne sont pas sans rappeler le look qu'adoptera Amy à partir de l'album « *Back To Black* ». Cynthia, elle aussi, a un lien avec la musique puisqu'elle a été courtisée dans sa jeunesse par Ronnie Scott, célèbre saxophoniste de jazz et propriétaire du night-club londonien du même nom. « Elle était très belle. Mais elle ne voulait pas coucher avec lui sans être mariée, et il voulait l'épouser

J'ÉTAIS MIGNONNE JUSQU'À CINQ ANS ET PUIS APRÈS JE SUIS DEVENUE VILAINE. TRÈS, TRÈS, TRÈS VILAINE.

mais pas sans avoir fait l'amour avec elle avant, par peur de s'ennuyer. Du coup, il l'a quittée », expliquera sa petite-fille. Quant aux frères de Janis, ils sont musiciens de jazz professionnels.

Amy se forme l'oreille et apprend à chanter en écoutant Dinah Washington, Sarah Vaughan, Billie Holiday, Ella Fitzgerald, ces divas du jazz d'un autre âge qui incarnent littéralement leurs chansons avec leur cœur et leurs tripes et n'ont parfois besoin que d'un souffle ou d'une inflexion de voix pour exprimer tout un monde intérieur. Comme l'a dit sa mère, elle chante tout le temps, sous la douche, devant la glace, armée d'une brosse à cheveux, à l'école. Elle rêve de devenir chanteuse ou... serveuse de bar en rollers depuis qu'elle a vu *American Graffiti* à la télévision. L'origine de son goût pour les tatouages de pin-up des années cinquante-soixante ? Fan de jazz lui aussi et guitariste talentueux, son frère Alex a aussi une grande influence musicale sur elle. Il lui montre ses premiers accords à la guitare. Janis, elle, adore écouter les songwriters à la James Taylor ou Carole King.

À quatre ans, Amy entre en classe de maternelle à la Osigee Primary School. Parallèlement, elle suit des cours de « cheder », car ses parents tiennent à ce qu'elle apprenne les bases du judaïsme et les rudiments de l'hébreu. Mais Amy n'est pas spécialement réceptive à la culture de ses ancêtres. Elle supplie son père de la laisser sécher les cours, parce que, dira-t-elle plus tard : « De toute façon, quand j'y allais, je n'apprenais jamais rien sur le fait d'être juive. La judaïté, pour moi, c'est d'appartenir à une famille unie. Pas d'allumer des bougies ou de réciter une "brocha" (prière au début des repas). » Pas croyante ni très pratiquante, Amy croit au destin et au karma, pas en Dieu.

Rebelle à l'enseignement de la religion juive, Amy commence à l'être aussi à l'école. Car passée l'hébétude enjouée de la première enfance, elle se révèle être une vraie peste, version light de la future bad girl. À la Osigee Primary School, une bâtisse toute en briques rouges, elle fait l'une des grandes rencontres de sa vie : Juliette Ashby, une petite fille blonde de son âge qui est aussi délurée qu'elle. « J'étais mignonne jusqu'à cinq ans et puis après je suis devenue vilaine. Très, très, très vilaine. Quand les autres enfants sortaient de la classe pour la récré, Juliette et moi allions fouiller dans les boîtes à repas des autres et on mangeait toutes leurs chips. Après, ils n'avaient plus rien pour le déjeuner. »

Les deux chipies ont fait connaissance au bureau de réception de l'école, là où on envoie tous les enfants turbulents se calmer. Un jour, elles s'y retrouvent et menacent un garçon qui passe de ne plus être ses amies s'il ne baisse pas immédiatement son pantalon devant elles. Doublement harcelé, l'élève ne lutte pas, il s'exécute. Cette victoire décisive et symbolique envers la gent masculine scelle l'amitié à la vie à la mort d'Amy et Juliette. Ensemble, elles font les quatre cents coups. Désormais, rien ne peut plus arrêter les deux mini-pétroleuses, que leurs mères et leurs professeurs tenteront, et réussiront à séparer à l'adolescence, de treize à quinze ans.

Elles adorent jouer à un jeu. « Elle était Pepsi, raconte Amy, et j'étais Shirley, les deux choristes de Wham!. Je pense que ça a fait tilt entre nous parce qu'on chantait toutes les deux un peu faux. » Juliette Ashby, qui deviendra chanteuse soul R'n'B – moins talentueuse qu'Amy – et parolière, confie : « Je poussais toujours Amy à faire des bêtises parce que c'était la plus courageuse des deux. L'une de nos blagues préférées consistait à ce que l'une d'entre nous quitte la classe en larmes. L'autre prétendait alors qu'elle devait aller la consoler. Ensuite, on s'asseyait dans une pièce et on riait pendant tout le reste de la leçon. » Interviewées toutes les deux en 2007 par *The Observer* sur l'amitié qui les lie, elles reviennent pour les besoins de l'article sur les lieux du crime. Amy commente, assez contente d'elle : « Mon ancienne institutrice était là, une espèce de garce au sang froid. Elle a toujours la même coiffure depuis 1840. Après la séance photo avec Juliette, je lui ai demandé si on pouvait faire le tour de l'école. Elle a grogné "Ok" et on s'est rendues dans la salle du cours de dessin. Ma copine a disparu puis elle est revenue en me disant qu'elle avait fait fonctionner l'alarme incendie et qu'il fallait qu'on se tire de là vite fait. Toute l'école a été évacuée. Ce fut le plus beau jour de ma vie. J'ai dit : "J'espère que ça n'est juste qu'un exercice d'évacuation, mademoiselle", et il fallait voir la tête qu'elle faisait. »

Amy grandit, mais si, de l'avis de ses parents et de ses professeurs, elle est intelligente et brillante, elle a beaucoup de mal avec la scolarité. Les cours génèrent chez elle un profond ennui, et cette révoltée-née est récalcitrante à toute discipline. Elle confiera plus tard : « Je n'aimais pas qu'on me dise ce que j'avais à faire. On me faisait en permanence des rapports de discipline. C'est stressant à la fin de devoir signer un papier après chaque leçon. Et donc je suis partie. » De toute évidence, l'école publique traditionnelle ne convient pas à Amy qui, à l'âge de huit ou neuf ans, a déjà développé un véritable don artistique. Janis s'en aperçoit au cours de vacances passées avec sa belle-mère à Chypre. Comme d'autres enfants, elle est invitée à monter sur scène pour un concours de jeunes talents auquel elle a désiré participer. « Quelqu'un m'a demandé, relatera Janis, si elle avait un manager, car Amy passait vraiment pour une professionnelle. J'ai répondu que non. » Elle précisera au cours d'une autre interview : « Comme tous les parents qui ont une fille talentueuse, je suis immensément fière de sa réussite mais, honnêtement, je ne l'ai jamais poussée ou incitée à entrer dans le show-business. Je veux que mes enfants soient heureux. Je n'ai jamais été impressionnée par la grandeur, et je ne suis pas spécialement responsable de la manière dont leurs talents ont éclos. »

L'ENFANCE D'AMY RESSEMBLE À UN SOLO DE MILES DAVIS, SOURDEMENT ANNONCIATEUR D'UNE CACOPHONIE À VENIR...

Un autre événement, comme un tremblement de terre, va ébranler le monde fragile d'Amy Winehouse, l'année de ses neuf ans. Partagé entre l'amour qu'il éprouve pour sa femme Janis et son désir de vivre avec Jane, sa secrétaire, qui ont symboliquement peu ou prou le même prénom, Mitch est sommé de choisir. Et c'est la rupture. Les Winehouse se séparent, et Janis est obligée de déménager avec les enfants dans une maison de l'East Finchley, un autre quartier juif du nord de Londres. Amy voit encore moins son père et en souffre, ce qui poussera Janis à dire que la colère palpable dans ses chansons a certainement à voir avec cette absence. Mais lorsque Janis et Mitch parlent de cette période tourmentée, c'est avant tout pour souligner qu'Alex, leur fils, qui a treize ans à l'époque, fera une dépression pendant trois ans. Déprimée, Amy l'est pourtant certainement car, dans une interview pour le magazine anglais *Q*, elle précise que c'est à l'âge de neuf ans qu'elle a commencé à s'automutiler, une habitude qui ne la quittera quasi plus, en tout cas qui ressurgira lorsqu'elle deviendra célèbre. Et qui pourrait être interprétée comme les premiers symptômes d'une personnalité dépressive, en manque d'attention et d'amour, ou borderline. « C'est quelque chose de bizarre, dira-t-elle, une espèce de curiosité morbide. Je parle de ça quand j'avais neuf ans. Qu'est-ce que ça fait ? Putain, ça fait très mal. C'est sans doute l'une des pires choses que j'aie jamais faites. » Mitch préfèrera, se sentant manifestement coupable, s'imaginer qu'Amy a été moins atteinte par la séparation qu'Alex. « Rétrospectivement, Amy n'en a pas été affectée car elle connaissait Jane depuis l'âge de deux ans. C'est comme si elle l'avait connue toute sa vie. Alex, lui, a rencontré Jane à six ans. Je pense que c'est Alex qui a le plus souffert de la rupture, mais il s'en est bien remis aujourd'hui. »

L'enfance dit-elle tout d'un être humain ? Entre douceur trompeuse et douleur secrète, jazz old school et pop des années quatre-vingt, rébellion et joie de vivre, celle d'Amy Winehouse ressemble à un solo de Miles Davis, sourdement annonciateur d'une cacophonie à venir...

Amy Winehouse et son père Mitch assistent à la cérémonie des 53e Ivor Novello Awards, au Gosvenor House Hotel, à Londres, le 22 mai 2008.

2

UNE ADOLESCENCE MUSICALE

Amy a neuf ans et la voilà abandonnée par son père, ou presque, parti fonder un nouveau foyer avec une autre femme que sa mère. Une torture secrète pour cette fille à papa, dont le cœur « *belongs to Daddy* ». Elle était déjà fragile, mais cette nouvelle souffrance accentue encore sa vulnérabilité et son hypersensibilité. Mais, agitée de sentiments extrêmes – culpabilité, honte, détresse, révolte, mauvaise estime de soi –, elle apprend à n'en rien laisser paraître et à se forger une carapace à toute épreuve. Pour les autres, pour sa mère en particulier, c'est une enfant heureuse, joyeuse, que rien ne semble atteindre et qui se montre singulièrement butée et obstinée. Quand elle a décidé quelque chose, impossible de la faire changer d'avis.

À cet âge tendre, elle se montre déjà pleine d'esprit. On retrouvera ce sens de la répartie *streetstyle*, pleine d'humour et de brio cockney issus des faubourgs londoniens, dans certains échanges, toujours sincères et spontanés, qu'elle aura avec les journalistes. À une animatrice télé anglaise qui lui demande si elle trouve qu'on la traite différemment dans le milieu de la musique parce qu'elle est une femme, elle répondra, imperturbable : « Non, jamais. Sauf quand j'ai mes règles… » Une remarque sarcastique, dans un style très Amy.

À l'âge de onze ans, Amy, qui a déménagé avec son frère et sa mère à East Finchley, un autre quartier juif du nord de Londres, entre à la Ashmole Secondary School de Southgate, un collège local où sont valorisés les arts et la musique. Elle y montre un talent certain pour le chant et la comédie, et se produit dans des comédies musicales ou des pièces. Et à treize ans, forte de cette expérience, elle décide de passer une audition pour obtenir une bourse.

Amy Winehouse, en Californie en mars 2007.

Les « trois filles délurées » du groupe américain TLC : Tionne 'T- Boz' Watkins, Lisa 'Left-Eye' Lopes et Rozonda 'Chilli' Thomas, aux Pays-Bas, en janvier 1992.

Son but ? Entrer à la Sylvia Young Theatre School, l'une des plus prestigieuses écoles de spectacle de Londres, par laquelle sont passées Emma Bunton des Spice Girls ou les All Saints. Qu'est-ce qui motive Amy pour tenter une telle aventure ? L'épisode du concours de talents à Chypre, on l'a vu, et le soutien de sa « Nanny » Cynthia qui croit fermement au talent de sa petite-fille. Celle qui a peut-être la nostalgie du show-business après son histoire de jeunesse avec un célèbre musicien de jazz la pousse dans cette voie avec ténacité et pouvoir de persuasion. Et elle a raison puisqu'il y a huit cents candidats, seulement deux places et qu'Amy… est acceptée. À treize ans, elle arbore déjà le même genre de coiffure sixties qui la rendra célèbre, se souvient Sylvia Young, la directrice, dans un article du *Daily Mail* de 2007, et elle irradie d'une présence et d'une personnalité très fortes. « Il m'est difficile de dire à quel point je l'ai trouvée unique, aussi bien en tant que compositrice qu'en tant qu'interprète, dès qu'elle a franchi les portes de l'école […], raconte-t-elle. Elle avait le potentiel pour devenir une Judy Garland ou une Ella Fitzgerald. […] Je l'ai auditionnée moi-même. Elle a joué, démontrant un certain potentiel de comédienne. Elle

L'ADOLESCENCE AIDANT, AMY COMMENCE À SE TROUVER. SON SPECTRE MUSICAL S'EST ÉLARGI.

a dansé et nous a montré qu'elle savait aussi très bien bouger. Mais c'est quand elle a chanté qu'elle nous a tous époustouflés. Elle n'avait pas encore la voix profonde qu'elle a maintenant, évidemment. Mais sa manière d'interpréter *On The Sunny Side Of The Street* était riche et merveilleuse à la fois. » La chanson est un standard de jazz des années trente qu'ont interprété, entre autres, Dinah Washington, Judy Garland ou Frank Sinatra. Pas mal pour une ado des années quatre-vingt-dix finissantes.

Derrière ses murs austères et gris, la Sylvia Young Theatre School est donc pleine de promesses, avec ses professeurs réputés pour savoir tirer de leurs élèves le meilleur d'eux-mêmes.

Sauf que l'établissement est aussi un repère de jeunes singes savants, bookés par leurs parents pour courir de casting en casting, ce qui a le don d'agacer Amy. Et qu'aucune école de spectacle, aussi bonne soit-elle, ne saurait épanouir le talent singulier d'une authentique artiste en herbe comme elle, sans tenter de l'affadir ou de le domestiquer... Amy a quelque chose en plus qui échappe au radar de Sylvia Young : une vraie personnalité. « Ils nous faisaient chanter des titres de *Flashdance* et plein d'autres chansons de comédies musicales, *Where is love*, un truc d'*Oliver!*, des trucs ringards comme ça », dira-t-elle plus tard. Malgré ce programme

digne d'un épisode de *Glee*, Amy apprécie les cours de chant ou de performance scénique et s'y montre concentrée, perfectionniste, soucieuse de progresser. C'est à cette école aussi qu'elle fera des rencontres importantes, comme Matt Willis, du groupe pop Busted, ou Tyler James, qui deviendra son petit ami et l'aidera à lancer sa carrière. Mais elle s'ennuie toujours autant dans les autres matières plus traditionnelles, l'heure d'anglais exceptée, qu'elle passe penchée sur sa table de travail à noircir sa feuille blanche de textes, de mots pour ses amis, de paroles de chansons, de jurons en tous genres... Et, fait plus grave selon la direction de l'établissement, qui exige de ses apprentis chanteurs ou danseurs une tenue correcte et une attitude respectueuse, elle se montre rebelle. Eh oui ! déjà. « Elle ne portait jamais l'uniforme convenablement, rapporte Sylvia Young. Elle mâchait du chewing-gum en classe. Elle arborait un piercing en argent à la narine (qu'Amy prétendra dans une interview s'être percée toute seule dans sa chambre[1]) et lorsque

Madonna, à la cérémonie des Oscar du Vanity Fair, West Hollywood, Californie, février 2007.

je lui ai demandé de le retirer, elle s'est excusée et l'a enlevé pour le remettre une heure plus tard. [...] Elle perturbait aussi les cours, mais c'était surtout dû à son manque de concentration. Comme je l'ai dit, elle était extrêmement intelligente, à tel point que nous avons décidé de lui faire sauter une classe, pensant que l'émulation lui réussirait. »

C'est que, l'adolescence aidant, Amy commence à se trouver. À la maison, son spectre musical s'est élargi. Celle qui a été biberonnée au jazz et s'est passionnée, petite, pour Michael Jackson, s'est mise à écouter Madonna. Par le biais d'« *Immaculate Collection* », son premier best of, qu'Amy dira avoir écouté tous les jours pendant un an jusqu'à ses onze ans, la madone de la pop a planté en elle les graines d'une violente affirmation de soi. « Et puis je la trouvais mignonne », dira Amy. Le groupe TLC a fait le reste. TLC ? Trois filles délurées, Crystal Jones, Tionne « T-Boz » Watkins et Lisa « Left Eye » Lopes, qui ont révolutionné le R'n'B américain des années quatre-vingt-dix par leur attitude girl power et des textes qui parlent sans hypocrisie du *safe sex* ou des relations hommes-femmes. La face noire du R'n'B – le trio rival Destiny's Child,

1. N.D.A.

avec la sculpturale Beyoncé, pouvant en être la face lumineuse – puisque drames en série, maladies diverses et mort violente de Lisa « Left Eye » Lopes émailleront l'histoire de ce groupe et en précipiteront la chute. Pré-adolescente, Amy apprécie aussi Salt-N-Peppa, l'un des premiers groupes de rap entièrement féminins dont les tubes sans hypocrisie, comme *Let's Talk About Sex*, sont autant de grands coups de pied dans la fourmilière à dominante masculine du hip hop. Avec sa grande copine Juliette Ashby, Amy a formé, un temps, un duo calqué sur le même modèle, baptisé Sweet'n'Sour (« Doux-aigre »). Juliette est *Sweet*, Amy, *Sour*, évidemment. Elles écrivent des chansons, comme *Spinderella*, inspirée du nom d'une des trois rappeuses, DJ Spinderella, *Who Are The Glam Chicks (Us) ?* ou *Boys (Who Needs Them ?)*. Et c'est peut-être à ce moment-là qu'Amy comprend inconsciemment que la tension et la colère intérieures qui l'habitent en permanence peuvent être source de créativité. « Mes tout premiers modèles furent Salt-N-Peppa, dira-t-elle. C'était de vraies femmes qui n'avaient pas peur de parler des hommes, qui obtenaient ce qu'elles voulaient et parlaient des filles qu'elles n'aimaient pas. C'était toujours vraiment très cool. » Une influence qu'on retrouvera dans ses paroles de chansons qui évoquent, avec une lucidité crue, le sexe, l'infidélité, ses relations avec les hommes. À la même époque, elle écoute aussi Nas et Mos Def, deux rappeurs majeurs de la culture hip hop, respectés pour leur flow et leurs paroles introspectives. Et le premier album soul jazz d'Erykah Badu, « *Baduizm* », qui donnera brièvement naissance à un mouvement de musique urbaine, la nu soul.

À la Sylvia Young Theatre School, un rite d'entrée impose à tous les nouveaux élèves de rédiger un texte exposant leurs espoirs, leurs rêves, leurs motivations. Celui d'Amy, conservé par l'école, trace le portrait d'une élève très déterminée et consciente d'avoir un destin hors normes. Elle y écrit : « Toute

CI-DESSOUS DE GAUCHE À DROITE :

Le groupe Busted : Charlie Simpson, James Bourne et Matt Willis, en janvier 2003, Angleterre.

Les membres du groupe de rap américain Black Star, le duo Talib Kweli et Mos Def à Los Angeles, Californie, octobre 1998.

Nas au Kodak Theater, à Hollywood en Californie en 2007.

ma vie, j'ai parlé fort, au point qu'on me dise de me taire. La seule raison pour laquelle je parlais fort, c'est qu'il faut hurler pour se faire entendre dans cette famille. Ma famille ? Oui, vous avez bien lu. Du côté de ma mère, tout est parfaitement normal. C'est du côté de mon père que l'on trouve des gens un peu dingues qui chantent et qui dansent.

On m'a dit que j'avais une jolie voix et je crois que ça me vient de mon père. Mais, contrairement à mon père et à ses aïeuls, je veux faire quelque chose de mes talents. [...] Je veux repousser mes limites et même encore au-delà. [...] Mais d'abord, je rêve de devenir très célèbre. De chanter sur scène. C'est l'ambition de toute une vie. Je veux que les gens écoutent ma voix et oublient leurs soucis pendant cinq minutes. Je veux qu'on se rappelle de moi comme d'une actrice, d'une chanteuse, pour mes concerts et pour mes shows *sold out* à Broadway et dans le West End. Je veux qu'on se souvienne de moi... pour moi. »

Malgré cette belle entrée en matière, les choses tournent mal assez rapidement pour Amy, dont les études à la Sylvia Young Theatre School auraient dû durer trois ans : elle ne fera finalement qu'une année là-bas. Grâce à l'école, elle a pourtant le temps de tourner dans un sketch de « The Fast Show », un programme comique de la BBC, mis en ligne

TOUTE MA VIE, J'AI PARLÉ FORT... IL FALLAIT HURLER POUR SE FAIRE ENTENDRE DANS CETTE FAMILLE.

Erykah Badu et Lauryn Hill au TNT, lors du All Star Tribute, hommage à Bob Marley au James Bond Beach, à Oracabeca Beach en Jamaïque, décembre 1999.

EN MÉDAILLON :
Amy dans lun sketch du programme comique de la BBC : *The Fast Show*.

aujourd'hui sur Internet. On la voit à quatorze ans, ses longs cheveux noirs coulant sur une robe de fée virginale, interprétant un extrait du *Songe d'une nuit d'été* pour un spectacle scolaire de fin d'année. La représentation tourne au gag lorsque le père d'un des jeunes comédiens déboule sur scène pour montrer à son fils comment déclamer.

Mais bientôt Janis reçoit un coup de fil du principal. Il veut la voir pour lui parler de sa fille. « Il m'a dit : je crois que vous devriez la retirer de l'école. » Il ne voulait pas d'élèves qui n'obtiennent pas de bonnes notes, et c'était le cas d'Amy. Elle était très douée, mais trop dissipée. Ce jour-là, je devais amener notre chatte, Katie, chez le vétérinaire. J'y ai donc déposé l'animal, je suis allée à l'école et je suis retournée chez le vétérinaire. Nous avons fait piquer le chat. Je plaisante toujours en disant que j'aurais dû faire piquer Amy et motiver le chat. » Dans son interview au *Daily Mail*, Sylvia Young, confuse, tentera d'atténuer cette vision des choses, en prétendant que le principal a fait du zèle. Mitch, lui, maintiendra la version de Janis. Quoi qu'il en soit, Amy est virée de l'école et pleure à chaudes larmes pendant plusieurs jours. Amèrement déçue, dégoûtée de la scolarité, elle met du temps à se remettre de l'expérience. Elle finira par comprendre, dira-t-elle, que le meilleur chemin consiste parfois à apprendre par soi-même, plutôt que d'attendre un enseignement des autres.

Il faut pourtant trouver un nouvel établissement à Amy, et vite. Ce sera fait avec son intégration dans une école privée n'accueillant que des filles, la Mount School, à Mill Hill. Elle s'y ennuie ferme, n'ayant aucun garçon à pourchasser ou à ridiculiser. Elle parvient tout de même, au bout d'un an, à s'en extraire, on l'imagine, extrêmement soulagée et diplômée de cinq matières au GCSE (l'équivalent d'un brevet des collèges). Mais les plus soulagés sont encore peut-être les professeurs de Mount School, à qui Amy fait vivre, racontera Mitch, un véritable enfer.

Mais Amy, qui va sur ses seize ans, n'en a pas encore fini avec sa formation scolaire. La BRIT School of Performing Arts & Technology, à Croydon, une banlieue du sud de Londres, est la seule école d'arts et techniques du spectacle gratuite d'Angleterre. Des groupes comme The Kooks, ou des chanteuses comme Katie Melua et Leona Lewis, y ont appris l'art de monter sur scène et de captiver un public. Mais même si l'établissement grouille de rockstars en herbe et de jeunes comédiens chevelus déclamant du Shakespeare à la cafétéria, la BRIT School, que se met à fréquenter Amy pendant quelques mois, n'est pas sa tasse de thé. Un professeur trouvera une explication à son manque d'engouement : « Elle avait seize ans, mais elle était déjà une artiste, réfractaire à toute institution. » Elle préfère, de loin, aller fumer des joints avec sa copine Juliette Ashby en écoutant Ray Charles et Charlie Mingus, ou se faire faire des tatouages, elle qui rêve d'une Betty Boop sur les fesses. Avec le temps, Amy est devenue gentiment incontrôlable, mais ses parents n'arrivent même pas à lui en vouloir. Ils l'aiment telle qu'elle est, drôle, rieuse, incapable de penser aux conséquences de ses actes. Une enfant de neuf ans, ce qu'elle est restée, au fond.

La musique est toujours aussi présente dans sa vie. Grâce à Sylvia Young, avec qui elle est restée en contact malgré son éviction de l'école, elle est engagée au sein du National Youth Jazz Orchestra et chante le week-end dans des clubs de jazz. Elle en profite pour abandonner la BRIT School au bout de quelques mois, sans avoir terminé son cursus, et commence à gagner sa vie, à dix-sept ans, comme journaliste musicale pour le WENN (World Entertainement News Network), un groupe de médias que dirige le père de Juliette Ashby qui a pistonné les deux filles pour y entrer. Mais, là encore, elle s'ennuie et préfère rentrer chez elle pour composer des chansons, chanter et jouer de la guitare. « Je voulais être journaliste, confiera-t-elle au *Sunday Tribune* en 2007. J'étudiais le journalisme et je faisais des concerts le week-end. J'ai fait mon stage, écrit quelques articles et, finalement, j'ai voulu travailler chez WENN comme réceptionniste. [...] J'ai toujours été comme ça, à changer d'idée. Pour ça, je n'ai pas de problème de fierté. Ça ne me dérange pas de servir le thé. » C'est là, chez WENN, qu'elle fait la rencontre d'un homme, Chris, de sept ans son aîné, avec lequel elle restera neuf mois. C'est sa première vraie histoire d'amour. Ce sera aussi sa première vraie rupture quand ils se quitteront. Le problème de Chris selon Amy ? Trop sensible. « Il est comme une fille, dira-t-elle à une journaliste. Il est très ouvert sur ses émotions, beaucoup trop. Je vis le moment présent, mais lui, c'est le genre de personne qui panique s'il ne se voit pas avec la même fille pendant un an. »

À DIX-SEPT ANS, AMY COMMENCE À GAGNER SA VIE COMME JOURNALISTE MUSICALE.

Cette douloureuse séparation l'inspirera en tout cas pour écrire toutes les chansons de son premier album, « *Frank* ». Car Amy ne le sait pas encore, mais le chemin qui la mène au succès est tout droit devant elle...

3

FRANK ET CAETERA

En 2001, Amy va sur ses dix-sept ans ans et, à la différence de dizaines d'aspirants chanteurs ou de pseudo nouvelles stars, elle n'imagine pas une seule seconde que sa voix extraordinaire pourrait lui faire décrocher, d'un claquement de doigts, un contrat dans une maison de disques. Curieusement, ses rêves d'enfance semblent avoir disparu pour laisser place à un réalisme vaguement dépressif et autodépréciateur. Elle, en bonne fille de parents issus de la classe moyenne, elle se verrait plutôt travailler dans un bureau ou devenir serveuse dans un bar quelconque et accomplir son « *nine to five* » comme tout le monde. Ou tout simplement, comme ceux pour qui la musique est une réelle passion, mieux, un mode de vie, une thérapie, une addiction, elle ne s'imagine pas en vivre.

Elle ne tape donc à aucune porte, n'accomplit aucune démarche pour devenir célèbre, n'essaie pas de fréquenter d'autres musiciens introduits dans le milieu musical dans le but de se constituer un réseau. Elle ne cherche pas à saisir sa chance, comme on dit ; la chance vient à elle, le plus naturellement du monde, cette même année.

Son ami Tyler James, chanteur soul et auteur-compositeur comme elle, qui concourra pour « The Voice » britannique en 2012, vient d'être signé par Brilliant, un département de 19 Management Ltd., célèbre agence de gestion de carrières artistiques de Simon Fuller. Simon Fuller ? L'homme est un gros poisson du show-biz. Un barracuda, même. C'est lui qui a « inventé » le concept girl power des Spice Girls, en a fait des stars mondiales, lui qui a découvert Cathy Dennis, l'une des plus grandes faiseuses de tubes de la planète pop

Amy Winehouse
aux Pays-Bas.
Portrait de Rob Verhorst,
Rotterdam,
le 11 mars 2004.

ILS CHERCHAIENT UN NOUVEAU FILON À EXPLOITER, ILS DÉCOUVRENT UNE MINE D'OR.

Amy Winehouse
sur Camden Parkway, Londres,
en février 2003.

(pour Britney Spears ou Kylie Minogue), lui encore qui a lancé « Pop idol » ou « American Idol » à la télévision. Autant dire qu'Amy, antithèse parfaite des artistes jetables qui encombrent les castings des télé-crochets, ne restera pas longtemps dans son écurie. Elle ne le rencontre qu'à deux reprises avant de signer avec un autre manager et il produira sur elle le même effet – avoue-t-elle avec cette sincérité cash dont elle a fait sa spécialité – que la plupart des hommes d'affaires qu'elle croisera au fil de sa carrière. « Les businessmen ne me laissent aucune impression, déclarera-t-elle à un journaliste. Je les oublie instantanément. »

Ce n'est donc pas à Simon Fuller mais à un certain Nick Shymansky, directeur artistique chez Brilliant 19 Ltd., et à un autre manager de la même maison, Nick Godwin, qu'Amy, pressée par Tyler, a fait passer une cassette de son cru. Alléchés par le succès phénoménal du premier album de Norah Jones comme des grizzlys par le miel, les deux hommes se verraient bien signer une chanteuse de jazz. Ils sont donc tout à fait réceptifs à la proposition de Tyler, qui vante le talent et la voix de son amie. Les voilà qui écoutent l'enregistrement, bricolé à la va-vite à la maison, et qui tombent à la renverse.

Ils cherchaient un nouveau filon à exploiter, ils découvrent une mine d'or. Les déterreurs de hits sont aussi heureux que les premiers pionniers américains filtrant l'eau des ruisseaux avec leurs vieux tamis rouillés et comptant tout à coup les pépites. « Nous avons passé la cassette et entendu cette voix incroyable, ces textes fantastiques, dira Godwin. C'était des poèmes de huit à neuf minutes. Le jeu à la guitare était un peu étrange, mais c'était absolument époustouflant. » Pour un peu, ils nous auraient improvisé, au débotté, une petite danse de la victoire.

Amy Winehouse et Tyler James en duo, lors d'une soirée humanitaire au profit des victimes du Tsunami.

Contrairement à Simon Fuller, les deux Nick n'ont pas que des dollars dans les yeux, mais aussi du goût. Shymansky se dépêche d'aller voir Amy sur scène, avec le National Youth Jazz Orchestra, et lui fait une proposition de management quelques semaines plus tard. Celle-ci n'en revient pas. Tout s'est déroulé si vite, si facilement. Elle est même tellement naïve et perplexe que lorsque Nick Shymansky lui demande si elle veut « du temps de studio », elle répond, toute pâle : « Pour quoi faire ? » Il lui répond gentiment : « Eh bien, si tu écris des chansons avec ta guitare et si tu fais un album, tu pourras avoir un contrat avec une maison de disques. » Amy se souvient de s'être écriée, étonnée : « Vraiment ? Et toi, tu en retires quoi ? » Et elle conclut : « Je pense que j'ai eu vraiment beaucoup de chance... », sans saisir réellement que son talent immense n'a pas grand-chose à voir avec la chance. La chance, c'est plutôt que son destin hors normes n'ait pas perdu de temps pour se concrétiser.

Reste à Shymansky, en bon professionnel, à dénicher la perle rare : un producteur qui aidera Amy à accoucher de ses chansons et lui fera de beaux arrangements pour réaliser des maquettes. L'idéal serait un homme au fait des musiques urbaines qui donnerait à la jeune chanteuse la touche hip hop qu'elle aime et viendrait contrebalancer son côté jazzy un peu suranné. Amy, justement, en connaît un. Un type nommé Major, ami d'un guitariste avec qui elle a collaboré. Major a travaillé avec Howie B., du groupe Soul II Soul, producteur de Björk et U2, et Tricky, ex-membre de Massive Attack, star du trip hop à la réputation exigeante, ce qui est plutôt bon signe. Banco pour Major, qui prend les choses en main dès sa rencontre avec Amy. Le musicien est tout de suite bluffé par la facilité et la spontanéité avec lesquelles la chanteuse crée de nouveaux titres. « Je ne connais pas beaucoup d'artistes capables de créer dans la foulée un morceau sur un rythme que je leur fais écouter, témoignera-t-il. La plupart emportent l'enregistrement et travaillent chez eux pendant des heures, mais elle, elle ressent l'ambiance, commence à chanter pendant l'écoute et l'instant d'après, elle a fini. Ça correspond à son tempérament, c'est génial. » Par hasard, Major fait écouter au téléphone l'une des chansons d'Amy à Darcus Beese, un ami, influent directeur artistique chez Island Records, label mythique d'artistes comme Bob Marley, U2, PJ Harvey ou... Justin Bieber, et celui-ci n'a bientôt qu'une obsession : la rencontrer et la signer. Il n'est d'ailleurs pas le seul car, dans le milieu de la musique, les nouvelles vont vite. Mitch dira : « Elle n'était pas majeure lorsqu'elle a signé avec 19, et c'est moi qui ait dû signer pour elle. Je suis allé les voir dans leurs bureaux pour qu'ils m'expliquent ce qu'ils voulaient faire, et ils m'ont expliqué qu'ils avaient déjà cinq ou six éditeurs (de paroles de chansons[1],) qui voulaient la signer et cinq ou six maisons de disques également en compétition pour l'avoir... » La première audition d'Amy se déroule donc chez Island, telle qu'on peut la découvrir dans le documentaire anglais *I Told You I Was Trouble*. Amy, cheveux courts bouclés et vêtue d'un jean et d'une chemise, entre dans le bureau, s'assied sur un bout de canapé et, accompagnée par un guitariste, se met tout simplement à chanter. Et c'est splendide. Darcus Beese est conquis. Il est convaincu de tenir là une immense artiste en devenir.

Avec l'avance octroyée par sa maison d'édition EMI Music Publishing, Amy peut acquérir son indépendance financière et emménage avec Juliette Ashby dans un appartement à Camden, au nord de Londres, un quartier *über cool* réputé pour ses marchés, ses restos bios et ses spots de culture alternative. L'occasion pour les deux colocataires de dix-huit ans de laisser libre cours à tous leurs délires, le tout dans un gros nuage de fumée de marijuana. « Je garde des super souvenirs de cet appartement, confiera Juliette en 2007. À trois heures du matin, alors que j'aurais pu m'évanouir tellement j'étais défoncée, Amy faisait rôtir un poulet. Dans les moments de stress ou quand elle est à côté de ses pompes, Amy cuisine. Elle adore nourrir les gens. Elle est dingue, mais c'est une fille bien. Je me fais beaucoup de souci pour elle. Certaines nuits, j'entendais un vacarme épouvantable de ma chambre. » Amy était en train de se taper la tête contre les murs, une méchante habitude qui la quittera au fil du temps, ou qui sera remplacée par d'autres.

Amy adore aussi préparer des tournées de thé au lait, à l'anglaise, pour les deux jeunes auteurs avec qui elle travaille désormais au Mayfair Studio, Stefan Skarbek et Matt Rowe. C'est Nick Godwin, l'un de ses deux managers,

DARCUS BEESE EST CONQUIS. IL EST CONVAINCU DE TENIR LÀ UN

qui les lui a présentés, pensant qu'une collaboration avec eux l'aiderait à écrire et enregistrer son premier album. Elle s'entend tout de suite à merveille avec eux et les séances, qui s'étaleront jusqu'à l'été 2002, se déroulent dans un climat familial, fantaisiste et euphorique, propice à la création. Ils sont parfois rejoints par un troisième larron, Felix Howard, compositeur. « Quand elle est arrivée pour notre première session, racontera Howard en 2004, elle portait

1. N.D.A.

MMENSE ARTISTE EN DEVENIR.

Amy Winehouse interprète son nouvel album « *Frank* » au Bush Hall, le 2 décembre 2003, Londres.

Amy Winehouse durant
une prestation live au HMV pour
son dernier album « *Frank* »,
Royaume-Uni, le 15 janvier 2004.

un jean qui tombait presque en lambeaux avec « *I love Sinatra* » brodé sur les fesses. C'est du Amy tout craché. Ça lui ressemble tellement. Je suis tombé amoureux. » La folle équipe passe pas mal de temps à farfouiller dans les magasins de disques de Camden à la recherche de CD, les rapporte au studio pour les écouter, découvre ainsi de nouveaux sons, de nouveaux artistes qui les inspirent pour la couleur musicale qu'ils recherchent pour Amy, pas encore clairement définie. La tonalité des morceaux qu'ils écrivent à plusieurs est plutôt humoristique, avec des titres comme *Amy, Amy, Amy*, un morceau qui sera présent sur l'album « *Frank* » ou *October Song*, une chanson pleine de gazouillis d'oiseaux, inspirée par la mort de son canari qu'elle avait oublié de nourrir. Il y a des moments magiques, comme ce jour où Amy chante d'une traite *The Ambulance Man* au micro, comme si elle lui avait été dictée par une instance supérieure, après être arrivée en retard en studio parce que sa grand-mère était malade. Cette capacité, proprement géniale, à créer dans l'instant sera mise en évidence, à plusieurs reprises, par ceux qui ont travaillé avec elle tout au long de sa courte carrière.

AVEC CES DEUX AS DE LA PRODUCTION, L'ENTREPRISE DÉMARRE, CETTE FOIS, SOUS LES MEILLEURS AUSPICES.

Mais ce fantastique été passé – un été où Amy a aussi appris à jouer de la trompette, cassant les oreilles de Madonna qui enregistre dans le studio à côté – la pression du management retombe sur les épaules de la fine équipe. Il faut se résoudre à l'évidence, certains morceaux sont trop loufoques, recèlent des problèmes d'enregistrement et de production et ne correspondent finalement pas à la direction qu'Amy veut donner à sa carrière. Elle se voit comme une vraie diva du jazz, sérieuse, à la Ella Fitzgerald ou à la Sarah Vaughan, pas comme une chanteuse aux textes comico-réalistes, même si, à l'évidence, son humour et son grand sens de l'observation lui permettent d'écrire des textes percutants.

Finalement, Darcus Beese et Island Records décident de couper la poire en deux et de confier la réalisation de l'album à deux producteurs : une partie des chansons sera confiée à Commissioner Gordon, alias Gordon Williams, qui a déjà travaillé avec des artistes tels que KRS One, Whitney Houston et Lauryn Hill, et Salaam Remi, producteur discret mais ultra-réputé de Nas, des Fugees pour leur album emblématique « *The Score* », Toni Braxton ou Ms Dynamite, entre autres. Le premier est basé dans le New Jersey, l'autre à Miami. Ils pourront donner à Amy la couleur hip hop/R'n'B/soul/reggae que la maison de disques recherche pour elle. Avec ces deux as du son et de la production, l'entreprise démarre, cette fois, sous les meilleurs auspices.

Amy Winehouse sur scène, à la soirée d'annonce de la Shortlist des Brit Award 2004, au Park Lane Hotel, le 12 janvier, à Londres.

Au même moment, Amy vit une rupture mouvementée, une situation qui se renouvellera juste avant l'enregistrement de son deuxième album « *Back To Black* ». Elle se sépare de Chris, son *boyfriend*, après une histoire de neuf

mois. C'est lui qui l'a quittée, sans qu'elle comprenne vraiment les raisons de cette séparation brutale. « J'ai constamment besoin de m'occuper des autres, dira-t-elle plus tard, mais je n'ai rencontré que deux hommes dans ma vie qui le méritaient ou qui appréciaient cette façon de voir les choses. Mon premier vrai petit ami, Chris, était charmant, mais il n'appréciait pas vraiment. » Malheureuse, Amy s'enferme dans sa chambre et pleure de longues heures son amour défunt. Pour exorciser sa douleur, et tenter de mettre en mots son incompréhension, sa colère, ses regrets et ses reproches, elle écrit des chansons, qui deviendront la matière principale de « *Frank* », son premier album. « Chaque chanson d'Amy est la somme de mauvais souvenirs ou d'expériences douloureuses, dira son père. C'est comme si elle se coupait un bras ou s'arrachait le cœur. » La métaphore est violente mais paraît juste à l'écoute des textes, réalistes, lucides, sans concessions, qui l'aident à progresser, semble-t-il, dans la compréhension des divers sentiments qui l'agitent.

CHAQUE CHANSON D'AMY EST LA SOMME DE MAUVAIS SOUVENIRS OU D'EXPÉRIENCES DOULOUREUSES

Pour enregistrer les morceaux, Amy s'envole pour Miami, où l'attend Salaam Remi, dans son fameux studio, surnommé « le zoo à instruments », bourré à craquer de matériel de toutes sortes, vintage ou au top des dernières technologies. Là, elle enregistre les parties voix et la guitare, puis s'en va, laissant le soin à Remi de convoquer les autres musiciens et de bâtir, touche après touche, le son des chansons qui lui ont été confiées, et qu'il coécrit pour la plupart. Puis elle rallie le New Jersey où l'attend Commissionner Gordon, qui apporte un parfum caribéen et reggae à l'album, en faisant notamment jouer Earl Chinna Smith, fine lame de la guitare reggae, connu pour avoir travaillé avec Bob Marley & The Wailers, Peter Tosh, Black Uhuru ou Jimmy Cliff. « Elle avait tellement de talent, dira-t-il. Commissionner Gordon était extrêmement enthousiaste. Elle chantait à la perfection ! » Pas intimidée plus que ça par la présence de musiciens confirmés à ses côtés, la débutante se donne à fond et écrit deux autres morceaux. Chinna Smith est aussi impressionné par sa voix, son style unique que par ses textes, dont il aime l'approche très quotidienne qui permet à l'auditeur de s'identifier. Deux autres constantes du caractère d'Amy : sa personnalité très forte, malgré son jeune âge, qui fait qu'on s'adapte à elle plus qu'elle ne s'adapte aux autres. (Ceux qui ont collaboré avec elle le disent tous, ils finissaient tous par parler comme Amy, boire ce que buvait Amy (du thé), partager les mêmes lubies qu'elle.) Et son incapacité viscérale à faire la moindre concession sur le plan artistique.

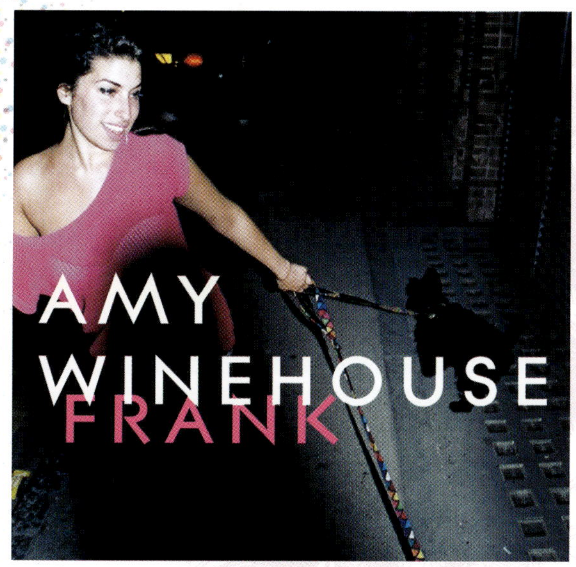

PAGE DE GAUCHE : Arrivée de Amy Winehouse aux Nominations des Brit Awards 2004, le 12 janvier à Londres.

« *Frank* » sort finalement le 20 octobre 2003. S'il comporte deux reprises, Amy en a coécrit ou écrit, dans le cas de *I Heard Love Is Blind*, toutes les chansons. Et même s'il paraît en plein revival jazzy, avec la vague new jazz représentée par Norah Jones, Katie Melua et Jamie Cullum, il n'a pas grand-chose à voir avec ses concurrents précités.

Qu'entend-on sur « *Frank* » ? D'abord une introduction de quelques mesures sur lesquelles Amy chante en « scat », à la manière des chanteuses traditionnelles de jazz, comme une manière de poser l'ambiance du disque. Puis un deuxième titre, *Stronger Than Me*, à la rythmique soul blues éclairée d'une trompette jazz sur lequel Amy se promène, des graves aux aigus, avec une aisance intriguante. D'emblée, la voix de la chanteuse est exceptionnelle. Puissante et subtile à la fois, avec un grain vintage, elle se classe dans la catégorie des grandes divas à la Billie Holiday, Lauryn Hill, Erykah Badu, Nina Simone, Eartha Kitt, Mary J. Blige. Le texte est on ne peut plus clair. C'est une récrimination très directe envers un homme de sept ans plus âgé qu'elle, à qui elle reproche son manque de virilité, son incapacité à se montrer un « vrai mec », fort et protecteur. Amy ne s'embarrasse pas de circonlocutions. Elle dit qu'elle passe son temps à le réconforter, alors que c'est le contraire qui devrait se produire, qu'il est un émotif, un « *ladyboy* », une poule mouillée. « Es-tu gay ? » lui demande-t-elle, à court d'arguments. Une chose est sûre : elle n'a aucune intention de rencontrer sa mère, tout ce qu'elle veut, c'est qu'il lui fasse l'amour et qu'il lui tire, accessoirement, les cheveux. Bref, c'est la vision iconoclaste et décapante du fameux métrosexuel des années 2000, c'est ce « nouvel homme » tant vanté par les magazines qui se retrouve haché menu par une petite Anglaise effrontée de Camdem. Le contraste entre la voix sans âge d'Amy, son aplomb démentiel et ses dix-neuf ans est fascinant. On ne peut s'empêcher de voir aussi derrière cette quête d'un homme fort, viril, à l'ancienne, à la « Frank » (Sinatra), comme le clame le titre de l'album, un appel à l'amour et à la protection paternels qui lui ont tant manqué, celle de Mitch, un homme traditionnel et fan de Sinatra, lui aussi.

PREMIER ALBUM : « FRANCK »

You Sent Me Flying est une ballade soul R'n'B au piano qui pourrait tout aussi bien appartenir au tracklisting d'un album de soul des années soixante-dix un peu clinquant. Amy y raconte la manière dont son ancien amant l'a envoyé paître. Dans un style très winehousien qu'on retrouvera plus tard sur certains titres de « *Back to Black* », elle campe l'époque en deux détails parlants : le T-shirt Beastie Boys que porte l'amoureux, les albums d'Outsidaz et d'Erykah Badu qu'elle lui a prêtés. En deux phrases, elle a aussi le don pour brosser tout un pan de la psychologie féminine, cette éternelle inquiétude des femmes de ne pas être assez aimées, se traduisant généralement par une adulation forcenée du partenaire. « Tu m'avais probablement vue rire à toutes tes blagues/Ou comment je ne protestais jamais lorsque tu me volais toutes mes clopes. » Vers la fin de la chanson, avec beaucoup de maturité, elle sonde son cœur, s'aperçoit qu'elle n'était pas si amoureuse que ça et constate avec étonnement, que lui, au contraire, l'était.

Cherry est un court morceau accolé à *You Sent Me Flying* à la guitare acoustique et au rythme un peu bossa-nova. Le texte parle d'une nouvelle meilleure amie qui comprend mieux Amy que ne saurait le faire son *boyfriend*, « aussi têtu qu'une mule », une amie faite de bois et de cordes, et elle précise à la fin de la chanson que cette amie est sa guitare, au charmant surnom de Cherry.

Know You Now, avec ses chants d'oiseaux, son beat de batterie obsédant, ses chœurs soul, sa flûte légère et ses discrètes arabesques de guitare, évoque les îles, le soleil, la chaleur des Caraïbes, bien loin de la froide Angleterre où est née son auteur. Dans un texte pas très étoffé, Amy y parle d'un homme qui, sous son chapeau, serait resté un petit garçon.

Fuck Me Pumps allie simplicité du rythme, un peu dancehall, et fausse candeur de la chanteuse dont la voix possède un côté nasillard à la Macy Gray qui sonne très soul jamaïcaine des années soixante-dix. Dans les paroles, elle

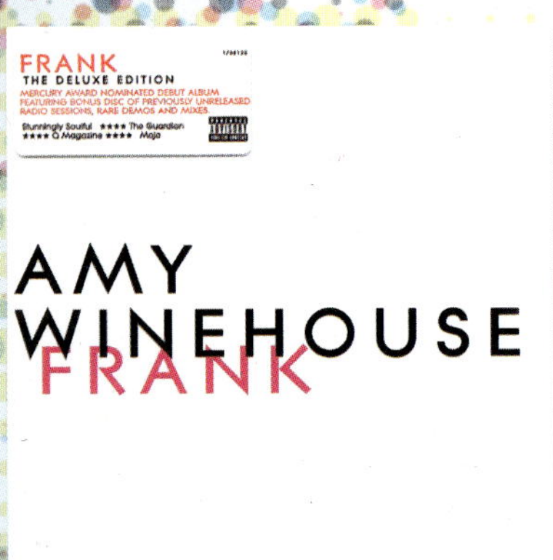

Édition deluxe de l'album « *Frank* ».

PUISSANTE ET SUBTILE À LA FOIS, AVEC UN GRAIN VINTAGE, SA VOIX SE CLASSE DANS LA CATÉGORIE DES GRANDES DIVAS.

Amy Winehouse aux Pays-Bas.
Portrait de Paul Bergen, Rotterdam, le 11 mars 2004.

met en scène une figure de la nuit londonienne qu'elle a sans doute croisée dans les clubs : la wannabe « wag », la bimbo juchée sur ses hauts talons qui rêve d'épouser le prince charmant version XXIe siècle, à savoir un footballeur, comme Victoria Beckham. Cet étrange animal ne se déplace qu'en bandes, observe Amy, des bandes de filles armées de leur sac Gucci qui se ressemblent toutes et qui sont incapables de s'asseoir à cause de leur jean trop serré. Elles ratent souvent leur cible ou finissent « coups d'un soir » avant de laisser au matin leur place à la prochaine sur la liste. Lorsque sonne la trentaine, elles sont plus ou moins finies pour le service. La satire est cruelle mais se fait plus tendre vers la fin de la chanson : après tout, si ces filles n'existaient pas, avec leurs chaussures « *fuck me* » et leurs seins refaits, le monde de la nuit serait moins drôle et les pauvres footballeurs condamnés à la monogamie. Pour sa sortie en single, le titre sera modifié en *F* *K Me Pumps*. Amy remarquera avec justesse à cette occasion : « Dans le clip, j'articule les mots "*fuck me*", mais ils ont enlevé le son au montage ! La première fois que j'ai vu ça, j'ai dit : "*Fuck* alors ! où est mon '*fuck'* ?" J'ai dit "*fuck*" là ! » De quoi s'énerver en effet.

EN DEUX PHRASES, ELLE A LE DON POUR BROSSER TOUT UN PAN DE LA PSYCHOLOGIE FÉMININE, CETTE ÉTERNELLE INQUIÉTUDE DES FEMMES DE NE PAS ÊTRE ASSEZ AIMÉES...

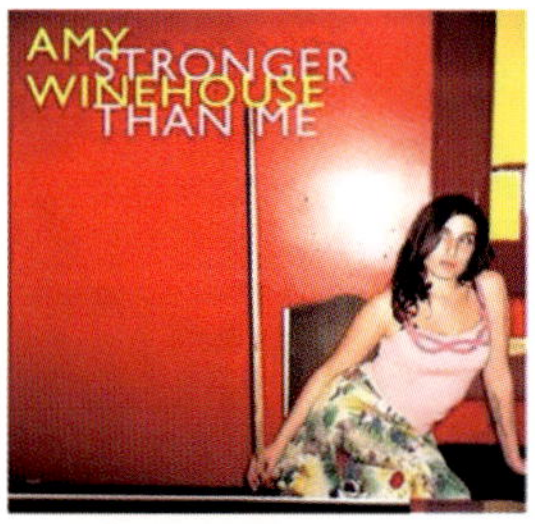

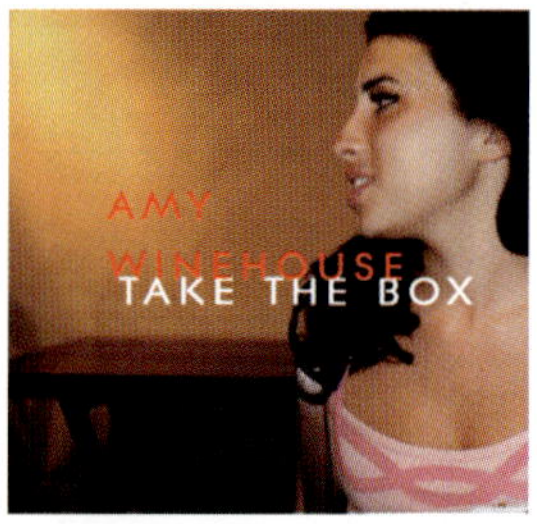

CI-CONTRE :
Stronger Than Me, Take The Box, et *In My Bed*, trois singles extraits de l'album « *Frank* » de 2003.

I Heard Love Is Blind est une chanson douce, avec ses accords soyeux de guitare acoustique, ses cuivres dans le lointain et sa batterie délicatement caressée par des balais à la manière jazz. Elle est plus surprenante par son propos : la chanteuse y plaide pour l'infidélité, une infidélité qui n'en est pas vraiment une, dit-elle, puisque l'homme avec qui elle a trompé son partenaire un soir de beuverie lui ressemblait comme deux gouttes d'eau. Mieux, « elle n'a pensé qu'à lui lorsqu'elle a joui ». Imparable, vraiment. Et à méditer pour toutes celles et ceux qui chercheraient une excuse après avoir mis un coup de canif dans le contrat.

Moody's Mood For Love et (*There Is*) *No Greater Love* sont deux reprises de standards jazz, hommage à la musique qui a bercé Amy dans son enfance. *Mood*, ici dans une suave version reggae, a été popularisé par King Pleasure en 1954. Quant à (*There Is*) *No Greater Love*, composé par Isham Jones en 1936, il a été repris par de nombreux artistes, comme Billie Holiday, Dinah Washington, Sonny Rollins, Dizzie Gillepsie, Miles Davis, Stan Getz... Amy les interprète d'une façon magnifique, mettant toute son âme dans ces deux morceaux.

In My Bed, avec son ébouriffante rythmique trip hop, plonge encore un peu plus dans l'intimité de la chanteuse. La voilà au lit avec son *boyfriend* qui a le défaut, rédhibitoire semble-t-il aux yeux d'Amy, de ne pas savoir séparer le sexe de l'émotion. Voilà pourquoi leur belle histoire tourne en rond et va à vau-l'eau. Elle se détourne de son visage trop familier quand ils font l'amour et elle ne lui tient plus la main que pour, euh, l'aider à trouver le bon angle... ahurissant détail qui passe pourtant, sous la plume de cet auteure surdouée, comme une lettre à la poste. Bref, Amy s'ennuie au lit, n'a plus rien à y découvrir de nouveau et elle tient à le faire savoir au principal responsable. Un aveu sans détours qu'on ne s'étonnera pas trop d'entendre de la part d'une fille de la génération *Sex and the City*, habituée au parler cru

Amy Winehouse
en concert au G-A-Y,
à Londres,
le 15 avril 2007.

Amy Winehouse
sur scène au Festival
Coachella Valley Music
and Arts, le 27 avril 2007,
en Californie.

des rappeuses. Si la voix est old school, l'état d'esprit est on ne peut plus dans l'air du temps.

Take the Box, avec ses accords plaqués au piano, son orgue et sa trompette déchirants, sa mélodie jazzy et ses splendides envolées vocales finales, sent le mélodrame à plein nez. On y est, en effet. C'est la fin d'un amour, ce qui devrait être le dernier au revoir. Mais la trouvaille du texte réside justement dans ce que les amants ne se croiseront pas. L'homme est sous la douche, pendant que la femme pénètre chez lui pour lui rapporter une boîte contenant des affaires qui lui rappellent son souvenir , « le soutien-gorge Moschino offert à Noël dernier », un album de Frank Sinatra. Pour rendre la rupture plus poignante, les voisins sont de la partie et crient en voyant l'intruse qui « n'a pas la clé d'en bas ». Dans la réalité, Amy retournera chez elle, mettra sa chambre à sac et s'effondrera en sanglotant.

October Song fait partie, comme on l'a vu, des sessions du Mayfair Studio, et narre la triste histoire d'Ava, le canari d'Amy parti rejoindre à tire-d'aile le paradis des oiseaux. Les paroles sont pleines de poétiques métaphores faisant intervenir Sarah Vaughan au détour d'un couplet.

What Is It About Men, avec ses scratches aux platines, sa guitare wah wah et son indolent rythme de reggae, est un autre des moments clés de l'album. Une douloureuse lassitude sans âge s'est emparée d'Amy qui s'interroge avec une sincérité poignante : « Qu'est-ce qui ne va pas avec les hommes ? » La première partie de la chanson fait clairement référence à la situation familiale de Mitch et à son abandon du domicile conjugal. L'occasion pour Amy d'évoquer la « fatalité freudienne » qui la pousse à choisir, comme sa mère, l'homme qui ne lui convient pas. Et à parler, pour la première fois, de ses tendances autodestructrices, qui ne font que grandir, dit-elle. Elle commentera la chanson ainsi : « C'est moi tentant de donner un sens aux problèmes conjugaux de mon père et le fait qu'il ait quitté ma mère pour une autre femme. Aujourd'hui, je le comprends complètement. Les gens aiment bien faire l'amour avec d'autres gens. Je ne vais pas mal juger mon père juste parce qu'il a un pénis. Quel intérêt ? »

Help Yourself, avec sa trompette au premier plan, ses cuivres et ses maracas, oscille entre reggae et morceau jazz pour big band. Comme dans *Stronger Than Me*, Amy se plaint de l'inconsistance de son *boyfriend*, dont elle maintient la tête hors de l'eau et qu'elle porte à bout de bras. Il a beau

Arrivée au Nationwide Mercury Music Prize, le 7 septembre 2004, Royaume-Uni.

Amy Winehouse, le 19 novembre 2004.

avoir un DEUG en philosophie et se prendre pour un vrai intello, elle est plus mûre que lui avec ses sept ans de moins. Le cœur brisé, mais la tête haute.

Amy, Amy, Amy, elle aussi enregistrée au Mayfair Studio, conclut l'album par une fantaisie jazzy débridée et pleine d'ironie joyeuse. Une ode sensuelle au sexe et aux fantasmes qui viennent instantanément à l'esprit de l'auteure lorsqu'elle croise son homme, avec ses cheveux noirs et son jean Diesel, et qui l'empêchent de travailler efficacement à sa musique. En guise d'intro, quelques mesures rappelant le morceau précédent et la voix d'un speaker remerciant les spectateurs d'être venus et espérant qu'ils se soient agréablement divertis... Comme s'ils avaient assisté aux premiers pas d'une diva, à la naissance d'une reine, caustique et mélancolique à la fois, qui passe d'un registre d'émotions à un autre avec un talent étonnamment affirmé pour son âge. Et c'est justement le cas.

Si le premier single extrait de l'album « *Stronger Than Me* », sorti deux semaines plus tôt, peine à s'élever plus haut que la soixante-et-onzième place du hit parade britannique, les critiques, pour « *Frank* », sont enthousiastes. « Quelque part entre Nina Simone et Erykah Badu... », « Nelly Furtado main dans la main avec Billie Holiday... », « un premier album impressionnant » sont quelques-unes des remarques relevées dans divers médias influents. On loue l'interprétation intense de la chanteuse, la production à la fois moderne et vintage, pointue et commerciale, la bouffée d'air frais produite par les paroles.

Son personnage baroque – dont la pochette passe-partout de l'album, la montrant en T-shirt rose en train de promener son chien dans la rue (!) ne saisit pas, loin de là, tout le charisme – et son franc-parler retiennent également l'attention des journalistes qui l'interviewent. Loin des questions-réponses formatées auxquelles se prêtent la majorité des artistes pop, Amy, authentique jusqu'à l'os et imperméable à la langue de bois, possède tout un arsenal de remarques bien senties qui les ravit. Madonna, ex-reine de la pop, est ainsi requalifiée de « vieille dame » par Amy, qui ajoute : « Elle n'est plus capable de choquer personne. Tout ce qu'elle devrait faire, c'est se trouver un bon groupe, se mettre debout devant eux et ouvrir sa putain de bouche pour chanter. » La chanteuse Dido, gros succès du moment, a droit, elle aussi, à son Scud. « Quand je pense qu'il y a des enfants qui écoutent sa musique et qui se disent qu'ils voudraient être comme Dido plus tard, j'ai envie de vomir. » Chris Martin, le chanteur de Coldplay, a son paquet, lui aussi. « Je parie que si sa musique n'était pas de lui et qu'il l'écoutait, il se dirait : mais qu'est-ce que c'est que ce connard ? » Et une dernière pour Katie Melua : « C'est vraiment de la merde. » *Requiescat in pace*.

Le ton décapant d'Amy ne se limite pas à critiquer les autres popstars, son propre album passe également à la moulinette. « Je ne peux plus écouter "*Frank*", à vrai dire je n'ai jamais pu, explique-t-elle aux journalistes incrédules. J'aime bien entendre les titres live, mais les jouer est une autre histoire. » Elle ajoute même : « Je n'ai jamais entendu l'album du début à la fin. Je ne l'ai même pas chez moi. Le marketing est un massacre, la promo, nulle. Tout est désastreux. C'est frustrant, parce qu'on travaille avec des idiots, mais comme

ce sont des idiots sympas, on ne peut pas leur dire qu'ils sont idiots. De toute façon, ils le savent déjà. »

De fait, Amy ne se reconnaît pas dans les pochettes de son album ou des quatre singles qui sortiront, un à un, au cours de l'année 2004, et qui peineront tous à s'installer dans les charts. Ni dans les clips, tous assez cheap dans leur ensemble, exploitant une vision girly-sexy fade de la chanteuse, bien en deçà de sa personnalité unique. D'où l'envie de sortir un deuxième album nettement plus à son image... Elle ne se retrouve pas non plus dans le panier « jazzy » dans lequel certains journalistes l'ont jetée, en compagnie de Norah Jones, Jamie Cullum et Katie Melua. Elle reproche aussi à sa maison de disques d'avoir utilisé des méthodes de marketing éculées. « Tout ce qu'ils font, c'est imiter ce qui a déjà été fait et je ne veux pas reprendre ce qui a déjà été fait. J'ai horreur de la médiocrité. [...] Je veux être vraiment originale. Je n'ai pas qu'une seule corde à mon arc, j'en ai cinq ! »

Et l'une de ces cordes est la scène, où elle a fait ses premières armes six mois avant la sortie de « *Frank* », se produisant trois soirs de suite au Cobden, un club à l'ouest de Londres, s'accompagnant seule à la guitare. Annie Lennox, l'ex-chanteuse d'Eurythmics, s'y trouve un soir par hasard. En la voyant, racontera-t-elle au *Times*, « j'ai été époustouflée. Avec son interprétation aboutie, on aurait dit qu'elle avait la trentaine et que rien ne pouvait la démonter. J'étais en admiration. J'ai pensé, waouh, elle a un talent exceptionnel. Mon Dieu, à dix-huit ans, où peut-elle aller chercher tout ça ? » Le 5 décembre 2003, Amy se produit au Bush Hall, à Londres, pour son premier concert important, accompagnée, cette fois, d'un batteur, d'un bassiste, de deux guitaristes et d'une section de cuivres. Les critiques sont mitigées, rendant compte d'un certain trac de la chanteuse.

Un an plus tard, toujours en promotion pour l'album, Amy est nominée deux fois aux BRIT Awards dans la catégorie « meilleure chanteuse britannique » et dans celle des « musiques urbaines ». Elle revient bredouille de la cérémonie, distancée par Dido et Lemar dans chacune des catégories respectives. Cela ne la démonte pas plus que ça et elle part en tournée en Angleterre, avant d'être à nouveau nominée aux Ivor Novello Awards dans la catégorie « meilleure chanson contemporaine » pour le titre *Stronger Than Me* en même temps que Dizzee Rascal et Kylie Minogue. Cette fois, elle remporte la distinction et, le lendemain de la cérémonie, les ventes de « *Frank* » décollent. Elles atteindront 250 000 exemplaires en quelques semaines. En juin, elle donne son premier concert au festival de Glastonbury puis enchaîne avec quelques autres dates de festivals d'été. À la rentrée, elle est à nouveau nominée aux prestigieux Mercury Music Prize Awards dans la catégorie « meilleur album de l'année ». Mais c'est le groupe Franz Ferdinand qui l'emporte. Ainsi s'achève pour Amy une année riche en événements et en nouvelles expériences. En un an, elle est devenue une star en Grande-Bretagne et son premier album a eu quelque retentissement ailleurs en Europe, comme en France, où il a reçu des critiques admiratives. Elle veut désormais souffler un peu avant de se lancer dans l'étape suivante, la confection d'un nouvel album, contrairement à ce que lui suggère sa maison de disques, qui voudrait la voir se remettre au travail. Amy, elle, n'a pas l'impression d'avoir tellement de choses à raconter. Ou alors, en bonne « *drama queen* », elle imagine qu'il lui faudrait une tragédie sentimentale à se mettre sous la dent pour se lancer. Et elle ne croit pas si bien dire...

EN UN AN, AMY EST DEVENUE UNE STAR EN GRANDE-BRETAGNE.

Amy Winehouse interprète son album « *Frank* » à Birmingham, le 8 avril 2004, Royaume-Uni.

4 BACK TO BLAKE

Nous sommes en 2004, et Amy Winehouse a la fraîcheur et l'éclat de ses vingt ans, les cheveux longs et noirs encadrant un visage longiligne au teint velouté et à la bouche immense, pleine de dents, au regard tour à tour assuré et hésitant. Une grande gueule, cette Amy, et une bonne cliente, comme les aiment les journalistes qui ont apprécié les interviews avec elle pendant toute la promotion de « *Frank* », et qui ont aiguisé leur plus belle plume pour décrire la planète Amy telle qu'elle est apparue dans leur lorgnette : totalement givrée mais chaleureuse, perchée mais pittoresque et touchante. L'un raconte comment, paupières lourdes, main lâchant sa cigarette, elle s'est endormie au beau milieu d'une question, bercée par l'ennui d'avoir à se raconter encore une fois, alors que plein d'autres sujets – au hasard, le sexe, sa grand-mère, sa machine à laver, les types qui vendent des légumes au marché à côté – auraient pu tenter cette grande bavarde. Un autre rapporte qu'elle avait répondu à leur entretien par téléphone sur ses toilettes, s'excusant au cours de la conversation d'avoir fait pipi pendant qu'ils discutaient musique. Un troisième décrit l'appartement de Camden comme « une scène de crime », une sorte de foutoir indescriptible avec un trou au plafond, envahi de vêtements, de culottes, de tasses à café vides, de piles de CD et de DVD épars, d'où émergent un coussin imprimé de la tête de Patrick Swayze et une paire de grosses lunettes de clown. L'appartement typique d'une fille qui a autre chose à faire que ranger ses affaires. Un truc de fou, fou et fun à la fois.

Amy et Blake sortant
du Island Club, Londres,
le 20 juillet 2007.

Dotée d'un charisme de star, malgré sa petite taille (1,57 m), et d'un véritable esprit garçon manqué (« Je ne suis pas vraiment une fille, dit-elle, ni même un homme à filles. Je suis un homme qui aime les hommes, ce qui ne veut pas dire que je sois une grosse gouine »), Amy est sans cesse traversée par un fleuve de pensées profondes, d'anecdotes simplissimes et géniales, de vérités indispensables qu'il lui est absolument impossible d'endiguer. Il faut que ça sorte, coûte que coûte. Pas d'autocensure ni de surmoi. Ni d'auto-apitoiement. À un journaliste américain qui lui demande si elle prend des drogues, elle répond : « Je n'ai pas le temps. » Au même qui s'enquiert alors si elle est alcoolique : « Je ne sais pas. Je bois vraiment beaucoup. À un moment, je me postais devant le pub avant qu'il n'ouvre et je tapais à la porte jusqu'à ce qu'ils ouvrent. » Amy est toujours elle-même, partout où elle passe, à la radio, à la télé, sur scène, au supermarché, dans les bras de son mec, telle une gitane sans filtre, rude au départ, forte à l'arrivée.

Et avec une sale tendance à se consumer vite fait.

Car Amy aime bien les embrouilles, elle les recherche même, parce que la vie est trop courte pour s'ennuyer et parce qu'elles nourrissent ses névroses et, partant, croit-elle, sa créativité. Dès la sortie de « *Frank* », elle se met à fréquenter, en tout bien tout honneur, un certain Blake Fielder-Civil, le *boyfriend* d'une fille de son cercle d'amis. En clair, le garçon tabou, celui auquel il ne faut surtout pas toucher. Comme par un fait exprès, Blake est justement son type d'homme : grand, cheveux noirs, yeux bruns, des tatouages sur le torse et les bras comme une carte au trésor. Le trésor de Blake ne saute pourtant pas aux yeux. Le garçon, de deux ans son aîné, a été vaguement barman, gagne maintenant sa vie sur des tournages de clips comme assistant-réalisateur. Son père, Lance Fielder, est un homme d'affaires à la retraite. Sa mère, Georgette, qui a divorcé pour épouser Giles Civil, possède un salon de coiffure. Amy, elle, n'a pas l'intention de couper les cheveux en quatre : début 2005, elle tombe amoureuse de Blake, et tous deux passent de longs moments à The Hawley Arms, un pub près de chez elle, avec une grande façade rouge et la réputation

CI-DESSOUS :
Vue extérieure du pub «The Hawley Arms» à Londres dans le quartier de Camden, où un hommage fut rendu à Amy Winehouse, le 27 juillet 2011.

PAGE DE DROITE :
Amy Winehouse sur la scène du Earl's Court à Londres, lors du Mastercard Brit Awards 2007, le 14 février.

Amy Winehouse sur la scène
du Shepherds Bush Empire,
le 29 mai 2007 à Londres.

de passer une excellente musique, à se rouler bruyamment des pelles, à jouer au billard – dans ce domaine, elle est quasi pro – et écouter en boucle sur le jukebox de merveilleux titres de girls bands des années soixante, comme The Ronettes, The Crystals ou the Shirelles. Mitch, qui les croise un jour par hasard au pub, est choqué qu'ils s'embrassent devant tout le monde alors que Blake sort avec quelqu'un d'autre… Mais Amy a son Blake dans la peau, même si leur relation est d'emblée complexe et tumultueuse.

Si tumultueuse même, qu'au bout de six mois, Blake, courageux mais pas téméraire, joue les filles de l'air et retourne, ventre à terre, chez sa copine, laissant Amy seule et désemparée.

Voilà Amy au bord du gouffre, prise à nouveau dans la spirale de ses angoisses, de sa dépression et de son insécurité. Elle a arrêté de fumer de l'herbe déjà depuis quelque temps, grâce à Blake qui ne fumait pas de joints, mais elle boit de plus en plus pour compenser, pour s'assommer, tenter d'oublier son cœur brisé, son nouveau ratage amoureux. « Je buvais vraiment trop, dira-t-elle plus tard au *Daily Record*. J'ai toujours très bien supporté l'alcool. Je me mettais dans des états pas possibles et je m'y résignais. Mes amis me retrouvaient déjà saoule à six heures le samedi après-midi. » Elle se met à écrire des chansons pour exorciser sa douleur, comme pour « *Frank* », et se retrouve assez vite avec quelques morceaux. Sa maison de disques lui met d'ailleurs depuis quelque temps la pression pour qu'elle se remette au travail.

Elle trouve aussi une nouvelle manière de perdre du poids, elle qui a toujours eu du mal avec son corps et qui le maltraite, inconsciemment ou pas. Elle en parle à ses parents, qui ne savent pas trop comment réagir, qui ne réagissent pas. Janis racontera en 2009 à la journaliste Daphne Barak : « Je me souviens qu'elle m'avait dit qu'elle avait trouvé un super régime. Tu prends de la nourriture, disait-elle, tu la mâches pour avoir le goût, puis tu avales le goût et tu craches le reste. Elle en avait parlé aussi à Mitch. Regarde, Papa, il y a un très bon régime… Elle était boulimique. » Janis évoque aussi un mariage où Amy part se faire vomir aux toilettes, après avoir mangé de bon appétit…

Amy et Blake à leur arrivée aux MTV Movie Awards 2007.

AMY EST TOUJOURS ELLE-MÊME, PARTOUT OÙ ELLE PASSE, TELLE UNE GITANE SANS FILTRE, RUDE AU DÉPART, FORTE À L'ARRIVÉE.

Sa perte de poids vertigineuse, due à sa boulimie et à la pratique de la gym à haute dose, et son addiction à l'alcool commencent à inquiéter ses amis, sa famille. Jusqu'aux représentants de sa maison de disques qui lui suggèrent alors de partir en « *rehab* », terme à la mode pour désigner un passage obligé de bien des artistes accros aux substances nocives : la cure de désintoxication. Pour les musiciens, la *rehab* produit en général le même effet que la maison de retraite sur les personnes âgées. On sait quand on y entre, jamais quand on en sort. Amy confiera en 2007 au *Sunday Tribune* : « J'y suis allée et le type m'a demandé : "Pourquoi pensez-vous être ici ?" Je lui ai répondu : "Je bois beaucoup, je suis amoureuse, j'ai tout foutu en l'air et je suis maniaco-dépressive." Ensuite, il m'a demandé si je pensais être alcoolique et j'ai répondu : "Peut-être." Je ne voulais pas dire non parce qu'il aurait pu penser que je refusais de me rendre à l'évidence. Il s'est mis à parler, je n'ai pas écouté et un quart d'heure plus tard, je lui ai dit : "Merci beaucoup." Je suis persuadée que si on ne s'aide pas soi-même, personne ne peut le faire pour vous. Après j'ai demandé à mon père s'il pensait que j'avais vraiment besoin d'une cure de désintoxication et il m'a dit que non. »

CI-DESSUS : Mark Ronson, « aux platines », à la soirée de lancement du parfum DKNY Night, en décembre 2007, à Londres.

PAGE DE DROITE : Amy Winehouse, accompagnée de Blake Fielder-Civil, arrive en retard pour sa prestation live au « MuchOnDemand » (MOD) de Toronto, le 11 mai 2007.

« *They tried to make me go to rehab, I said no, no, no.* » C'est ce qu'Amy lance en tout cas à Mark Ronson, début 2006, en se promenant dans une rue de Soho. « Et moi, quand elle m'a confié cet épisode traumatisant de sa vie, au lieu de faire comme un ami, de m'apitoyer et de la prendre dans mes bras en lui disant "et maintenant, ça va mieux ?", je lui ai aussitôt proposé d'en faire une chanson, narrera-t-il à son tour en rigolant. On est rentrés au studio et elle s'est mise à chanter cette phrase, en marquant le tempo par un claquement de doigts, comme pour un blues... Après, on a commencé à habiller le morceau... » Mark Ronson ? L'homme est à l'époque un DJ et un producteur à la mode, connu pour avoir réalisé les albums de Lily Allen (« *Alright, Still* »), Christina Aguilera (« *Back to Basis* ») et Robbie Williams (« *Rudebox* »). Né à Londres en 1975, il déménage à New York à l'âge de huit ans avec sa mère, l'écrivaine Ann Dexter-Jones, séparée de son père Laurence Ronson, manager. Sa mère s'est remariée avec Mick Jones, le guitariste du groupe rock Foreigner. Pendant son enfance, Mark se passionne pour la musique et côtoie à des fêtes organisées par ses parents des stars telles que

THEY TRIED TO MAKE ME GO TO REHAB, I SAID NO, NO, NO.

Mick Jagger, Paul McCartney ou David Bowie. Pour toutes ces raisons – trop blanc, trop branché –, Amy se méfie un peu de Ronson, que Darcus Beese, d'Island Records, a tenu à lui présenter dans l'idée de lui faire coproduire une partie de son nouvel album avec Salaam Remi. Pourtant, ils ont beaucoup de points communs : ils sont tous les deux anglais, tous les deux juifs, tous les deux fans de musiques noires. D'ailleurs, ils s'entendent assez rapidement car leurs désirs artistiques se rejoignent. Ils ont tous les deux envie de se lâcher, de faire exactement ce qu'ils veulent, sans tenir spécialement compte de l'aspect commercial du projet. Et ils aiment tout autant le jazz et la soul des années soixante que le hip hop. « J'avais besoin d'un certain abandon, expliquera Mark Ronson, je voulais juste pouvoir me dire “putain, je vais faire les albums que j'ai envie de faire.” C'est l'état d'esprit dans lequel j'étais lorsque j'ai rencontré Amy. La plupart du temps, lorsque vous voyez un artiste pour la première fois, vous lui jouez des rythmes ou des cordes sur un tempo de batterie. C'est ce que je faisais avant, mais je ne trouve pas que ça fonctionne vraiment. La première fois que j'ai vu Amy, au lieu de lui jouer un truc, je lui ai plutôt demandé : “Comment voudrais-tu que sonne ton album ?” [...] Elle a juste dit : “Je ne sais pas, mais j'ai écouté beaucoup de musique des sixties”, et elle m'a fait écouter the Shangri-Las et Earl and the Cadillacs. »

Sixties toute ! Amy opte pour cette direction musicale – et sentimentale puisqu'elle lui rappelle les heures passées au pub avec Blake – qui colorera tout l'album pour un souci de cohérence. À Miami, Salaam Remi lui peaufine un son vintage en étudiant les techniques d'enregistrement de Stax, la maison de production de disques soul des années soixante la plus célèbre avec la Motown. À Londres, Mark Ronson a la belle idée de s'adjoindre les services d'un groupe de neuf musiciens rétro funk-soul new-yorkais, the Dap-Kings, qui accompagnent habituellement la chanteuse soul Sharon Jones. À Ronson de conserver l'intensité des interprétations d'Amy, qui chante en s'accompagnant à la guitare, tout en leur adjoignant d'irrésistibles arrangements vintage, inspirés du lyrisme mélodramatique des Shangri-Las, — dont les « *death songs* », angéliques et vénéneuses à la fois, hantent encore, sinon les mémoires du moins le jukebox du Hawley Arms – de la richesse instrumentale des Ronettes de Phil Spector, le patron du « *wall of sound* », et de la soul mélodique de Donny Hathaway, chanteur culte afro-américain des années soixante-dix disparu en 1979 dans des circonstances dramatiques.

En Grande-Bretagne, « *Back To Black* » (« Retour aux idées noires ») sort le 30 octobre 2006, une semaine après *Rehab*, le single, et fait immédiatement sensation. Classique instantané, l'opus a tout du chef-d'œuvre. Les critiques sont dithyrambiques pour Amy, tantôt comparée à Etta James, la diva du blues, tantôt à Édith Piaf ou à Aretha Franklin. Physiquement, le changement est spectaculaire. La *girl next door* bronzée et souriante de « *Frank* » s'est muée en une Betty Boop maigre et anguleuse à l'œil chargé d'eye-liner à la Cléopâtre et aux tatouages de marin fifties. Sur la tête, un monticule de cheveux tenant à la fois de la « *beehive* », ruche capillaire chère aux Ronettes dont elle s'inspire,

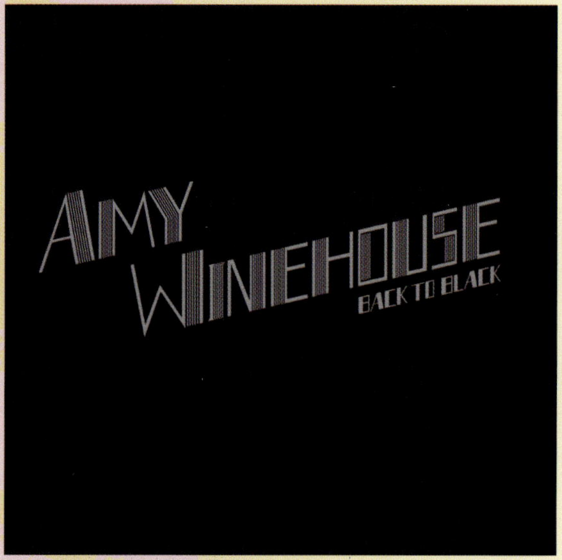

LES CRITIQUES SONT DITHYRAMBIQUES POUR AMY, TANTÔT COMPARÉE À ETTA JAMES, TANTÔT À ÉDITH PIAF OU À ARETHA FRANKLIN

Amy Winehouse lors d'un enregistrement spécial pour la BBC, le 8 mars 2007.

Amy Winehouse au Festival de l'Île de Wight, Angleterre, 6 septembre 2007.

Amy Winehouse et Blake Fielder Civil, pendant leur lune de miel aux États-Unis, du 1er au 8 novembre 2007.

et de la coiffe de veuve espagnole, menace à tout moment de s'écrouler, telle une cartoonesque tour de Pise. On croit à du théâtre, mais ce n'est pas du cinéma. Rattrapée par l'insupportable réalité de la vie, Amy se réinvente en tragédienne de la soul et chante son désespoir amoureux et existentiel. Sans fard et avec une sincérité renversante.

Parmi les perles de « *Back To Black* », il y a *Rehab*, avec ses cuivres entraînants, vifs et drôles et sa rythmique déséquilibrée, une chanson pop déglinguée néo-Motown qui s'inscrit pile-poil dans l'air du temps. Des histoires de rehab, avec les frasques de Lindsay Lohan, Britney Spears, Kate Moss et Pete Doherty, les tabloïds en sont remplis. Mieux, elle prend insolemment de vitesse les paparazzis, exposant au grand public la simplissime histoire d'une fille bohême qui refuse d'aller en cure de désintoxication, malgré l'avis de ses managers, sur la foi de ce que lui dit son papa. Le message intrigue, interpelle, prend vite une portée universelle, comme ce refrain martelé de « *no* », qu'on retient instantanément et qu'on a envie d'appliquer à tout ce qui nous tourmente ou nous empêche d'être libre. « Ils » m'ont demandé d'être ce que je ne suis pas, and *I said no, no, no...* »

You Know I'm No Good, la deuxième chanson, est un fiévreux film noir amoureux sur fond de cuivres extraordinaires et d'une batterie épileptique. La voix de la chanteuse est puissante, plus grave que sur « *Frank* », profonde. Dans le rôle de l'infidèle, trahie par une brûlure de cigarette sur le tapis, Amy, bien sûr. Comme *Rehab*, le morceau aurait pu être écrit à la fin des années soixante ou au début des années soixante-dix, sans que le titre ne fasse simple copie des tubes soul d'alors. On n'est pas dans la citation, mais dans la re-création.

Me & Mr. Jones, produit par Salaam Remi, est un des sommets de l'album, avec sa couleur doo-wop très fifties, ses chœurs féminins et la voix incroyable d'Amy qui atteint des sommets. Inspirée par le *Me & Mrs Jones*, le titre soul de Billy Paul sorti en 1972 et qui racontait une relation adultère entre un homme et sa maîtresse, *Mrs Jones*, la chanson, cette fois, fait référence au rappeur Nas, qu'apprécie particulièrement la chanteuse. Dans les paroles, qui s'ouvrent par un « qu'est-ce que ce bordel ? » (« *fuckery* ») largement commenté, Amy se plaint de son amant qui lui a posé un lapin et fait rater un concert du rappeur Slick Rick, ne la croit pas quand elle dit qu'elle l'aime et flirte avec d'autres filles. Mais bon, « *Side from Sammy you're my best black jew* », Sammy (Davis Junior ?) mis à part, tu es mon juif noir préféré, lui dit-elle.

Just Friends est un ska produit, là encore, par Salaam Remi, qu'en bonne fan des Specials, Amy interprète impeccablement. Dans le texte, elle propose à son amant de devenir amis, car le toucher est devenu trop douloureux.

Back to Black, autre acmé de l'album, est un sublime adieu à celui qui retourne vers l'autre femme – Blake – et lui brise irrémédiablement le cœur, la précipitant dans la solitude et la dépression. Somptueux arrangements à la Phil Spector, avec tambourin, piano, carillons lugubres, guitares presque western, et voix tourmentée de l'interprète : les chants désespérés sont vraiment les plus beaux. Dans le clip, funèbre, Amy enterre solennellement son cœur, placé dans un coffret, au cours d'un prophétique et très classe enterrement, entre le rassemblement de mafiosi à la Scorsese et le film de gangsters british.

Love is a Losing Game est une ballade soul déchirante au dépouillement extrême, soutenue par un piano fluide dans l'esprit seventies de Donny Hathaway qui, elle aussi, atteint des sommets de tristesse et de mélancolie. L'amour est un jeu tragique où l'on gagne rarement et où l'on perd souvent, nous dit en substance Amy, avec l'aplomb et la détresse d'une barmaid quadragénaire.

Tears Dry on Their Own convoque à nouveau les fantômes de la Motown pour une incroyable performance vocale d'Amy, inspirée par le duo de Marvin Gaye et Tammi Terrell, *Ain't no Mountain High Enough*. Le refrain, tout simple et magnifique, « *He walks away, the sun goes down* », semble aussi faire écho au splendide « *Ain't no sunshine when she's gone* » de Bill Withers datant de 1971. La chanson, plutôt positive, parle de repartir à zéro après un amour défunt. Le clip sera signé David LaChapelle.

Wake Up Alone est une ballade soul teintée de blues où la voix lasse d'Amy, soutenue par un chœur de lamentations, atteint des sommets d'émotion. Une nouvelle chanson triste où elle décrit avec une précision désabusée tous les affres de la déception amoureuse. La phrase du couplet, « *I don't have to think about thinking* », est particulièrement bien vue.

Some Unholy War, avec ses subtiles influences doo-wop, jazzy, soul et reggae, parle d'une « guerre impie » où elle se tiendrait, prête et combative, aux côtés de son homme. « Je refuse de le laisser partir », confie-t-elle, grave et déterminée.

He Can Only Hold her est un titre plus enjoué que le reste de l'album, avec ses cuivres solaires, son piano sautillant et le chant aux accents reggae d'Amy. Ou comment danser sur les décombres encore fumants d'un amour perdu.

SIXTIES TOUTE ! AMY OPTE POUR CETTE DIRECTION MUSICALE QUI LUI RAPPELLE LES HEURES PASSÉES AU PUB AVEC BLAKE.

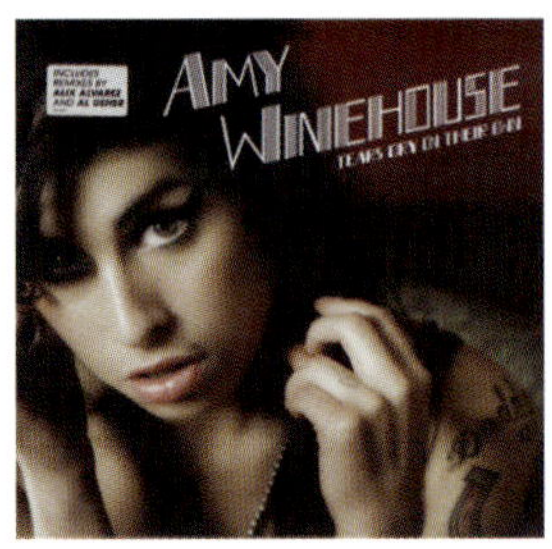

Les singles successifs extraits de l'album « *Back To Black* ».

Addicted, avec ses roulements de batterie, sa rythmique rapide, sa longue montée de cuivres à la tonalité jazzy, conclut l'album sur une note optimiste. Après tout, qu'est-ce qu'un homme à côté d'une bonne fumette ? Dans les paroles, la chanteuse avoue préférer rester seule que de devoir partager sa provision de cannabis. « Dis-leur merde aux dealers », à Amy, ce n'est pas trop sa came.

Dès la première semaine, l'album s'est déjà vendu à 40 000 exemplaires et continue sa course folle vers les sommets du hit-parade où il sera bientôt numéro un. Le moral d'Amy suit la même pente ascendante, puisqu'elle est à nouveau amoureuse. L'heureux élu s'appelle Alex Claire, ex-reponsable musical à Radio 1, devenu directeur artistique adjoint chez EMI Music Publishing,

NO, NO, NO...

Amy Winehouse interprète
Rehab aux MTV Movie Awards 2007,
le 3 juin, en Californie. États-Unis.

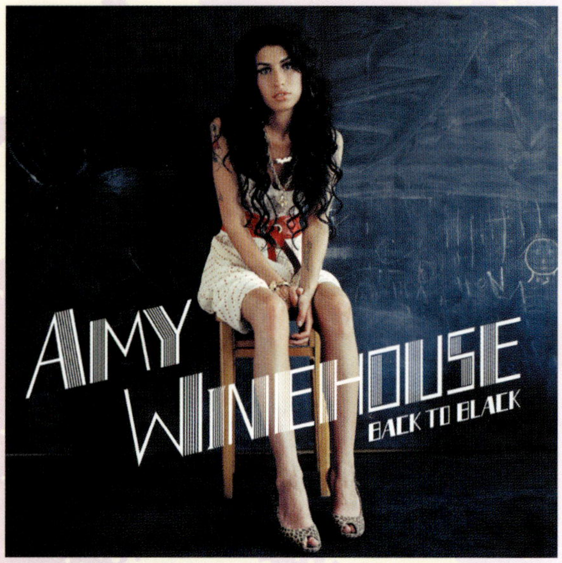

À la suite de son immense succès, l'album « *Back To Black* » est réédité en version deluxe limitée dès 2007, avec cette nouvelle pochette.

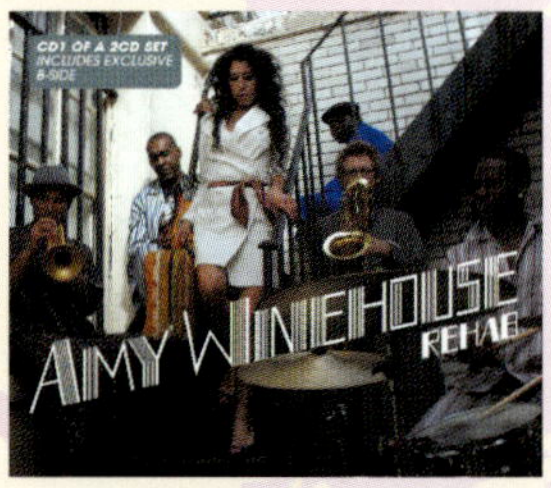

LE PRÉSENTATEUR LUI CONSEILLE PLUTÔT DE COLLABORER AVEC KATIE MELUA. AMY RÉPOND, IMPERTURBABLE : "JE PRÉFÈRERAIS ATTRAPER LE SIDA DES CHATS."

l'éditeur des chansons d'Amy. Blond, l'air tranquille, il est l'anthithèse, physiquement du moins, du bad boy Blake Fielder-Civil. La promotion suit également son cours avec Amy se confiant largement à la presse, détaillant son arrêt de la fumette, sa nouvelle addiction au club de sport, expliquant aussi qu'elle a connu des désordres alimentaires, anorexie et boulimie, « comme plus ou moins toutes les filles », dira-t-elle. Comme toutes les filles, vraiment ?

Pourtant, ce bel effort de nouvelle vie saine est totalement mis à mal par un incident comico-tragique au talk-show de Charlotte Church, chanteuse galloise passée animatrice télé. Le 13 octobre 2006, Amy, qui s'est ruée sur le bar de la loge des invités avant le début de l'émission, se plante en beauté en reprenant en duo avec elle le *Beat it* de Michael Jackson, massacrant la chanson d'une voix complètement avinée, oubliant les paroles avec une insistance gênante. La vidéo est vite relayée sur YouTube où elle fait les choux gras des internautes. Le 30 octobre, Amy, qui a commencé une tournée en Angleterre, se fait remarquer à la cérémonie des Q awards, le célèbre magazine de musique, en ponctuant le discours léinifiant de Bono, le leader charismatique de U2, d'un « Ta gueule ! J'en ai rien à foutre ! » certes impoli mais rafraîchissant. Cette provocation fait scandale. Amy Winehouse serait-elle en train de se transformer en Sid Vicious de la soul vintage ? Malgré tout, l'information filtre, en novembre, que les producteurs du prochain James Bond pensent à elle pour en écrire et interpréter le thème musical, marchant ainsi sur les traces de Shirley Bassey. Une consécration, qui est vite suivie le 16 novembre d'un nouveau dérapage dans le jeu télévisé de la BBC, « Never mind the Buzzcocks », animé par Simon Amstell. La chanteuse réclame à boire, le présentateur refuse, arguant qu'elle est déjà ivre. Il lui demande si elle envisage de se transformer en Pete Doherty en jupons. Elle répond qu'ils ont justement envisagé de travailler ensemble. Ironiquement, Amstell lui conseille plutôt de collaborer avec Katie Melua. Amy répond, imperturbable : « Je préfèrerais attraper le sida des chats. » Un peu plus tard, elle crache par terre. Amstell lui reproche alors d'avoir fumé du crack. Un passage détonnant, dit sur un ton badin, qui provoquera encore une fois le malaise du grand public. Pendant ce temps, sa tournée alterne les concerts mémorables et les catastrophes sonores. Le 7 janvier 2007, elle monte sur la scène d'un club gay londonien, ivre morte, et s'échappe pour aller vomir en coulisses. Le 19 février est le jour de la sortie française de « *Back to Black* » et le lendemain, l'occasion pour Amy de chanter dans « L'album de la semaine », la séquence de Canal + où elle se met à vociférer sur le public qui l'applaudit : « Vous pouvez vous rasseoir, on n'a pas encore terminé ! » À un journaliste flamand qui l'interviewe pour le quotidien *De Morgen*, elle donne un semblant de clé à son comportement erratique : « C'est dans mon caractère, je crois. Il y a des semaines où je vis pour fumer de l'herbe ou boire jusqu'à l'inconscience et, un mois plus tard, je ne touche plus une cigarette et je lis William Blake du matin au soir. »

Ce qu'elle ne sait pas encore, c'est que ça n'est que le début d'une longue glissade vers le Royaume des Enfers...

Amy et Blake
au Glastonbury Festival ,
en juin 2007, dans les environs
de Londres.

Amy Winehouse
au Festival Lollapalooza
à Grant Park, Chicago,
États-Unis, le 5 août 2007.

5 UNE ICÔNE DE MODE

AMY ET LA MODE

Choucroute sur la tête, eye-liner en trait de Stabilo, silhouette immédiatement reconnaissable entre toutes, Amy Winehouse entre dans la légende avec un look aussi fort que sa musique. Et aussi emblématique que ses chansons, tout comme pouvaient l'être la banane et la chemise à col fifties pour Elvis Presley, la coupe au bol et les complets-vestons des Beatles, la chevelure en pétard et les T-shirts déchirés des Sex Pistols ou les cheveux décolorés et les chemises à carreaux de Kurt Cobain.

Comme les rockstars d'antan qui inspiraient la rue et les modes, la vraie Amy est complètement raccord avec son personnage, elle s'habille à la ville comme à la scène, vivant en Amy Winehouse *ad libitum*, dédiée à son art des pieds à la tête et 24 heures sur 24.

Son look authentique, dérangeant, expression d'un malaise intérieur, et sa « *street credibility* » font figure d'exception dans un mode musical de plus en plus formaté par les *personal stylists* où les fausses rockeuses sponsorisées par des marques, les vraies *bitches* et les baudruches soul surabondent. « Et c'est bien ce qui fait la spécifité, tellement rare de nos jours, d'Amy Winehouse, explique Florence Müller, historienne de la mode et professeure à l'Institut français de la mode. Très peu d'artistes vivent réellement ce qu'ils disent dans leurs chansons ou avec leurs vêtements, la plupart se protègent et utilisent le marketing et l'art de la représentation. Souvent, ce n'est pas très excitant car on n'y croit pas vraiment... On a l'impression de contempler des poupées

Amy Winehouse lors d'une séance de poses pour le magazine *Jalouse*. Portrait réalisé par la photographe Elina Kechicheva à Paris, le 25 janvier 2008.

Arrivée d'Amy Winehouse devant la Earls Court pour le Mastercard Brit Awards 2007, le 14 février à Londres.

mannequins, qui ont des postures provocantes mais vivent par ailleurs bien bourgeoisement. C'est la grande différence avec les légendes des années cinquante et soixante, qui étaient très fortes et allaient jusqu'au bout de leurs convictions. En cela, Amy Winehouse rappelle Kurt Cobain. Elle est grandie par le malheur, il y a quelque chose d'hyper romantique en elle, qui alimente une pulsion encore très forte chez nous. Car ce n'est pas parce que plus personne ne vit comme ça qu'on ne continue pas à cultiver le fantasme de ce genre d'existence destroy. »

« C'est la nouvelle Bardot », dit d'elle, en 2007, Karl Lagerfeld, qui lui consacre sa pré-collection automne-hiver 2007/08 intitulée « Paris-Londres », où il fait défiler des mannequins avec choucroute et eye-liner, « en double clin d'œil à Brigitte Bardot et à Amy Winehouse », explique t-il, ajoutant, avec son sens habituel de l'emphase mais qui ici s'avère pertinent, que la chanteuse est « un génie et une icône du style ».

Une Bardot de crise, alors, qui aurait oublié de se laver et sentirait vaguement la vodka. Dans les années soixante, BB, l'idole blonde, avec ses pieds nus, ses cheveux lâchés et ses tenues près du corps, participait à l'émancipation des femmes, préfigurant la liberté et la sensualité des années révolutionnaires à venir. Dans les années 2000, de quoi Amy Winehouse, la Bardot brune, serait-elle alors le symptôme ? « Peut-être d'un grand lâcher-prise féminin qui s'est cristallisé en Angleterre depuis quelques années sur le phénomène du binge drinking, analyse Florence Müller. Beaucoup de filles et de femmes, même d'âge mûr, attendent toute la semaine le samedi soir pour se saouler à la Guiness. Elles ont alors des attitudes très masculines, se moquant totalement de savoir quelle image elles vont donner d'elles-mêmes, sans souci non plus de mettre à mal l'image traditionnelle de la femme. On peut ainsi croiser dans la rue de très jolies filles baignant dans leur vomi... Une pulsion de vie "wild" qui s'explique aisément par opposition à une société très cadrée où le politiquement correct fait figure de loi. »

Karl Lagerfeld.

Du côté de la mode proprement dite, le style d'Amy Winehouse s'ancre dans la modernité par le biais du revival vintage, en vogue depuis 1999. Diva rétro, la chanteuse affiche ce qu'on a pu appeler outre-Manche un look « british prepster punk » (preppy + punk), inspirant de grands magazines de mode, comme *Elle*, *Marie-Claire* et *Vogue France* qui lui consacrera à deux reprises un portfolio avec un mannequin copiant ses attitudes (Isabeli Fontana et Adriana Lima), ou la pub (Megan Fox pour Guess). Bien avant la folie « Mad Men » qui s'empare des podiums en 2010, Amy mixe une combinaison gagnante de styles qui s'ancrent tous dans le passé.

Il y a d'abord la « beehive », coiffure créée dans les années soixante par Margaret Vinci Heldt, propriétaire d'un salon de coiffure à Chicago et qui, de Ronnie Spector, la chanteuse des Ronettes, à Marge Simpson, en passant par Bardot, Mari Wilson ou Lady Gaga, a traversé les époques et les genres. Pour Amy, la coiffure est plus qu'une parure : un bouclier de protection doublé d'un véritable baromètre émotionnel, puisque, aura-t-elle coutume de dire, plus grande est son insécurité, plus haute est la choucroute. Dans cet immense chignon de cheveux crêpés, tenu par des

"C'EST LA NOUVELLE BARDOT", DIT D'ELLE, EN 2007, KARL LAGERFELD.

Le trio vocal les Ronettes : Ronnie Spector, Estelle Bennett Vann et Nedra Talley Ross, en 1964.

épingles, cachette bien pratique, il lui arrivera aussi de dissimuler de la drogue avant un concert...

« La première clé d'entrée dans le rétro pour Amy Winehouse, ce sont les années quatre-vingt, décrypte l'historienne. Car sa coiffure n'est pas juste une choucroute à la BB, mais la "beehive" exagérée des B 52's, le groupe américain des années quatre-vingt qui citait déjà les années soixante. Amy reprend cette coiffure, l'exagère à sa façon, en la rendant asymétrique. »

Autre élément capital de son look : l'eye-liner, qui souligne son magnifique regard rempli d'âme, d'un trait ostensiblement *too much*. Là encore, cet emploi relancera la mode de l'eye-liner rock'n'roll, tendance en 2011.

« Chez Amy, l'eye-liner n'est pas vraiment new wave, mais plutôt inspiré par la mode punk. Dans les années cinquante, il permettait de faire l'œil de biche, mais en 1976-77, les punks reprennent l'idée en beaucoup plus empâté, exagéré, ce qui rend le regard agressif, aiguisé comme un couteau. Car chez elle, comme chez Lady Gaga, il y a un élément très important qui renvoie au phénomène de la femme laide. Une femme consciente de son visage ingrat et le fait oublier par un look très excentrique et un maquillage utilisé comme une peinture, ou un masque. On retrouve cette attitude chez Edith Sitwell, la poétesse anglaise qui se fit connaître par l'excentricité de ses vêtements et de ses accessoires dans les années trente. » Ses robes mini, colorées et moulantes, dénichées dans les boutiques vintage de Camden ou signées Hervé Léger, un créateur qu'elle adore, sont aussi une inspiration des années cinquante-soixante, revues et corrigées par les punks. « Les punks allaient aux puces ou dans les magasins de fripes et choisissaient exprès des vêtements un peu naïfs et bourgeois, comme le complet noir-cravate, qui est l'uniforme typique de l'employé de bureau dans les années cinquante, pour les marier à des accessoires destroy. Winehouse fait la même chose : elle mixe sa petite robe de secrétaire cinquante et ses ballerines avec un chignon déglingué et un eye liner agressif. »

La mode ? Comme monsieur Jourdain, Amy en fait sans le savoir. Lors de la Fashion Week 2008, elle donne un showcase pour l'ouverture de la nouvelle boutique Fendi devant un parterre de people, parmi lesquels Sofia Coppola, Claudia Schiffer ou les sœurs Olsen, et clame à cette occasion : « Je ne connais rien à la mode. » Icône malgré elle, elle inspire pourtant en février 2008 le couturier espagnol Francis Montesinos, qui fera défiler des modèles portant la choucroute estampillée Winehouse. Et devient, en octobre 2010, l'égérie d'une collection capsule signée Fred Perry, la marque anglaise preppy chouchou des fans de ska. Les quatorze modèles au charme fifties et à l'esprit rockabilly seront mis en vente en décembre 2011, après la mort de la chanteuse, et les fonds perçus reversés à la Fondation Amy Winehouse créée par son père.

En janvier 2012, lors de la Fashion Week, c'est au tour de Jean-Paul Gaultier, l'éternel enfant terrible de la mode, de rendre un hommage posthume à l'enfant terrible de la musique avec des mannequins coiffées de la fameuse « beehive » et maquillées outrageusement, marchant sur le podium la cigarette au bec. Un défilé qui, sans l'avoir cherché, choquera Mitch Winehouse et sa famille, qui le trouveront « de très mauvais goût ». Gaultier s'en expliquera quelques mois plus tard sur Vogue.TV : « J'étais étonné que personne dans le monde de la mode ne lui rende hommage quand elle est morte, dira-t-il. Son look est fabuleux, fantastique, unique. Elle avait naturellement le bon maquillage, les bonnes boucles d'oreille – c'était un vrai style. » Pour Florence Müller, l'alliance Gaultier-Winehouse était une évidence. « Gaultier a construit tout son vocabulaire mode sur l'opposition des styles et les looks en rupture. Son premier défilé montrait ainsi un tutu de danseuse, le comble du classicisme, marié à un perfecto de biker. C'est la même démarche qu'avait, de manière naturelle, Amy Winehouse.

De *Vogue* à *Vanity Fair*, le look excentrique d'Amy Winehouse a souvent fait la une des magazines de mode du monde entier.

LA MODE ? COMME MONSIEUR JOURDAIN, AMY EN FAIT SANS LE SAVOIR.

Arrivée d'Amy Winehouse aux ELLE Style Awards, dans l'enceinte du Roundhouse, le 12 février 2007, quartier de Candem à Londres.

Elle transportait aussi avec elle toute une vibration d'une époque un peu révolue qui alimente toujours les discours et l'imaginaire de la mode. Elle avait vraiment quelque chose de légendaire. »

Dernier apport, plus surprenant cette fois, du style Amy... à la décoration contemporaine : la création, par l'éditeur britannique Delightfull, d'une lampe Amy, au design fifties et agrémentée d'un abat-jour rappelant sa coiffure ! Le style Winehouse a, parions-le, encore de beaux jours devant lui.

AMY ET LES ARTISTES

Musicalement, l'univers old school d'Amy influence, de son vivant, toute une génération de chanteuses hantées par le démon de la soul rétro. En 2008, Duffy, une blonde galloise aux manières frustes et à la voix puissante, sort « *Rockferry* », un premier album sous influence Phil Spector, produit par Bernard Butler, ex-chanteur de Suede, qui rencontrera un grand succès. L'Australienne Gabriella Cilmi sera présentée elle aussi comme « la nouvelle Amy Winehouse », avec un premier album soul sorti en 2008. Enfin, *last but not least*, la tornade Adele, comparée à Amy à ses débuts, mais qui fera oublier cette influence avec le triomphe colossal de « *21* », son deuxième album sorti en 2011.

Nombreux sont également les artistes qui, sans être directement influencés par elle, ont été troublés, remués, attendris, dynamisés par sa personnalité hors normes et choqués par sa disparition précoce. On ne compte plus les reprises, rock, techno ou funk, de chansons d'Amy sur le Net, comme les reprises sur scène de *You Know I'm No Good* d'Arctic Monkeys, de *Rehab* par Cocoon ou de *Back to Black* et de *Tears Dry On Their Own* par Kanye West, ou de *Back to Black* par Lightspeed Champion sur le premier album du groupe folk, même si on peut déplorer qu'elles soient aussi devenues des classiques à massacrer dans les castings par les candidats d'émissions de télé-réalité...

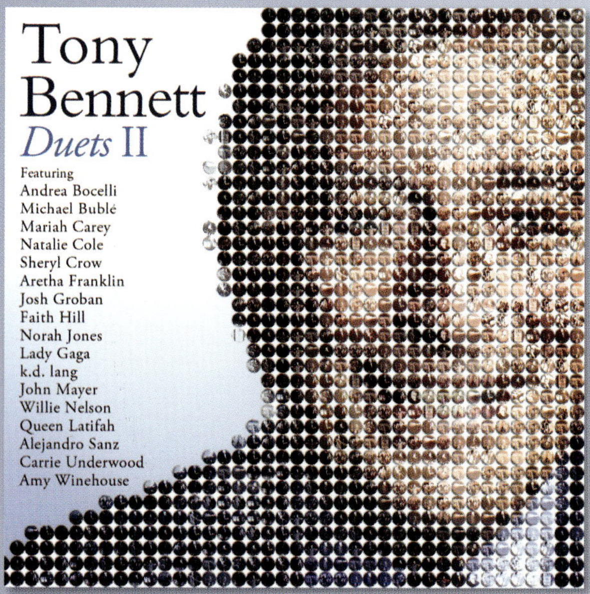

CI-DESSUS ET À DROITE: L'album « *Duets II* » de Tony Bennett. Les albums des groupes Artic Monkeys et Cocoon (qui reprennent respectivement *You Know I'm No Good* et *Rehab*), et l'album « *Banga* », de Patti Smith, où elle consacre à Amy Winehouse sa chanson *This Is The Girl*.

PAGE DE DROITE :
Amy Winehouse et le réalisateur Quentin Tarantino backstage aux Music Of Black Origin (MOBO) Awards 2007, le 19 septembre à Londres.

Tony Bennett et Amy Winehouse backstage au Royal Albert Hall de Londres, le 1er juillet 2010.

En avril 2012, Patti Smith lui consacre un morceau, *This Is The Girl*, sur son nouvel album, « *Banga* ». À l'occasion de la sortie du disque, elle témoigne à l'auteure de ce livre de son affection pour Amy, qu'elle n'a jamais rencontrée : « Je ne connaissais pas du tout Amy Winehouse. J'admirais simplement sa voix. Je me suis sentie vraiment concernée par elle, sa vie, ses déboires. Elle avait le même âge que mes enfants, et j'aurais pu être sa mère. C'est très perturbant de voir la manière dont elle a conduit sa vie, car je pensais qu'elle allait détruire sa voix, ce don exceptionnel qui lui avait été donné, mais je ne pensais pas qu'elle allait mourir. Je ne me suis pas assise pour autant en me disant que j'allais écrire une chanson sur elle, c'est venu comme ça, naturellement. Je pense qu'Amy a été ravagée par le système et aussi par son histoire personnelle. En fait, on ne peut jamais vraiment savoir. L'autodestruction a évidemment pris une part très importante dans sa disparition, mais le succès y a aussi contribué. Elle a sans doute été mal managée. Je sais bien qu'il est très difficile de contrôler des gens qui en arrivent à de tels extrêmes, mais elle n'aurait pas dû faire de tournée, elle n'était pas assez en forme pour ça. C'est la même chose pour Michael Jackson et toutes ces superstars qui deviennent tellement célèbres et tellement riches, ils représentent un tel pactole pour certaines personnes que leur entourage ne fait pas vraiment attention à eux. Ils se disent que ce sont des gens spéciaux, alors que ce sont des êtres humains comme tout le monde, avec un corps vulnérable, incapable de résister à de telles doses d'alcool et de drogues. Les artistes ne sont pas des extra-terrestres. Je ne sais pas grand-chose sur Amy mais tout ce que je sais, c'est qu'elle possédait vraiment une voix unique, sophistiquée. Pour une fille de son âge et de sa génération, elle avait une culture et une compréhension des traditions musicales tout à fait étonnantes. Elles étaient totalement différentes, mais Janis Joplin aussi avait le sens de l'histoire. Ce n'est pas quelque chose d'intellectuel ou qu'elle avait étudié, c'était dans son sang. Amy avait ce don, ce sens du tempo et phrasé jazz, et elle l'avait travaillé, ça se sent. »

La chanteuse américaine soul Grace, installée en France depuis quelques années, a, elle aussi, été d'emblée touchée par la voix d'Amy. « La première fois que je l'ai entendue, j'ai eu l'impression de la connaître, dit-elle, comme si nous avions fait nos études ensemble, parce qu'elle a une façon tellement intime de se confier aux autres qu'une part de moi-même était totalement reliée à elle. Ses paroles partent du cœur pour toucher directement le cœur des autres. Elle utilise des images fortes pour décrire des situations dont on déteste admettre qu'on les a aussi vécues... Sa passion très pointue pour le jazz et la soul music qu'elle a combinée avec les épisodes d'une vie tourmentée a donné naissance à un style de chansons urbaines à cœur ouvert, d'un romantisme trash très nouveau. » Une opinion partagée par Charlotte Gainsbourg qui a été frappée par les fulgurances de « *Back to black* ». « Cet album est devenu un tel classique que j'ai l'impression de l'écouter depuis trente ans. Ses mélodies étaient belles mais sa voix, surtout, était inégalable. »

Benjamin Biolay est aussi un fan de la première heure. « J'étais un immense fan de Lauryn Hill et lorsqu'Amy Winehouse s'est fait connaître, j'ai vu en elle un digne successeur de l'ex-chanteuse des Fugees, explique-t-il. On m'avait fait découvrir "*Frank*" et j'avais trouvé les chansons remarquables, surtout la reprise de *Moody's Mood For Love*. Il y avait quelque chose d'anormal dans sa voix au regard de sa jeunesse, une maturité inhabituelle, c'était une voix chargée comme celle de Billie Holiday ou des premiers bluesmen. Pour *Back to Black*, on cite toujours la production de Mark Ronson, mais c'est celle de Salaam Remi que je préfère. Quand on a en studio une voix comme ça, de toute façon, il est facile de la produire, et Amy savait exactement ce qu'elle voulait. L'album a une touche intemporelle, avec la voix plein centre et le "slow delay" des années soixante ["un écho qui fait rebondir la voix sur des contre-temps"], et on sent qu'elle aime le hip hop. Le texte de *Me & Mr Jones* est

JE NE CONNAISSAIS PAS DU TOUT AMY WINEHOUSE. J'ADMIRAIS SIMPLEMENT SA VOIX. JE ME SUIS SENTIE VRAIMENT CONCERNÉE PAR ELLE, SA VIE, SES DÉBOIRES.
PATTI SMITH

dingue, c'est une déclaration d'amour incroyable à un Noir, qui fait partie de la mythologie du rock. Son album posthume, je l'adore, je l'ai offert à tous mes amis en leur disant qu'il fallait en profiter car ce serait le dernier. Je l'ai vue au Zénith, c'était merveilleux. Je ne l'ai jamais rencontrée, mais je connaissais son batteur qui était halluciné en tournée avec elle, car il ne savait jamais si elle pourrait chanter ou si elle allait sniffer un rail de coke sur scène, ce qu'elle a fait quelquefois.

J'étais passé chez elle à Camden, et j'avais vu quatre-vingts photographes qui l'attendaient en bas, même pas planqués, et qui la shootaient non stop quand elle descendait au pub ou à l'épicerie du coin. Je pense que c'est à 95% les paparazzis et la célébrité qui l'ont tuée. On ne se remet jamais d'avoir été célèbre à vingt ans. Bien sûr, elle avait des histoires d'amour tordues, tout le monde en profitait, mais elle avait la passion de la musique chevillée au corps. Il faut la voir reprendre *Billie Jean* dans une émission-hommage à Michael Jackson. Il faut la voir aussi voler la vedette à Mick Jagger, le meilleur showman de la terre, elle qui faisait 1,57 m, au festival de l'île de Wight. Je dirais que c'est la plus grande interprète du XXIe siècle, Adele à côté fait figure de succédané. Dans mon panthéon personnel, je la place sans problème à côté de Kurt Cobain. Je préfère même Amy à Janis Joplin, car elle écrivait ses chansons, était influencée par la culture noire et avait la sensibilité des grands compositeurs juifs à la Randy Newman et à la Gainsbourg. Depuis Gerschwin, les Juifs et les Noirs s'allient pour créer la soul music. Le jour de sa mort, j'étais avec ma fille, et tellement bouleversé que j'en suis resté interdit devant ma télévision. Même si beaucoup disaient le contraire, je pensais qu'elle était increvable comme Keith Richards. »

Enfin, Carla Bruni-Sarkozy continue, elle aussi, à écouter les albums d'Amy Winehouse avec toujours la même passion. « Comme tout le monde, j'ai été saisie par la beauté de *Back to Black*, que m'avait fait découvrir François Ravard, l'ex-manager de Téléphone, et par cette voix si basse et si sublime. J'avais même pensé à reprendre la chanson de Phil Spector, *To Know Him Is To Love Him* que chante Amy dans la compilation *"The Saturday Sessions : the Dermot O'Leary Show"* et qui figure sur la version de luxe de *"Back to Black"*, pour un éventuel album de reprises. La grande solitude de sa vie me touche.

J'aimais aussi le contraste entre cette voix magnifique et ce petit corps, qui me rappelle Édith Piaf. » Est-elle touchée par le romantisme rock'n'roll de sa vie ? « Je fais une grande différence entre l'artiste et la personne. Il y a de très grands artistes qui sont des personnes extrêmement équilibrées, d'autres grands artistes qui sont très déséquilibrées, et il y a de grands déséquilibrés qui ne sont pas du tout artistes. Autre chose : pour traiter les dépendances aux substances toxiques, le seul traitement qui marche est une démarche comportementaliste. La thérapie psychanalytique est sans effet sur les personnes dépendantes. Ce qui signifie que la dépendance n'a rien à voir avec la personne. On naît dépendant, comme on peut naître diabétique. Il n'y a donc rien de romantique là-dedans. Je suis contre l'idée de l'artiste romanesque qui se détruit pour construire son œuvre. J'adore des gens comme Keith Richards, Janis Joplin et Amy Winehouse, qui se rangent dans la catégorie des personnalités sans limites. Mais j'aime aussi Bob Dylan ou Aznavour qui ont produit des perles et n'ont pas perdu une once de leur imaginaire dans des périodes de grande sobriété. Je crois qu'on est artiste, créatif ou qu'on ne l'est pas. Et la dépendance aurait plutôt tendance à fatiguer le corps et l'âme, c'est un mauvais calcul pour calmer l'angoisse. Si Amy Winehouse avait ce profil-là, ça n'a rien à voir avec son talent. » De New York à... l'Élysée, Amy Winehouse fait l'unanimité.

IL FAUT LA VOIR VOLER LA VEDETTE À MICK JAGGER, LE MEILLEUR SHOWMAN DE LA TERRE, ELLE QUI FAISAIT 1,57 M, AU FESTIVAL DE L'ÎLE DE WIGHT.

Amy Winehouse et Mick Jagger sur scène, pour la clôture du Festival de l'Île de Wight, à Newport, le 10 juin 2007.

AMY

En direct de Londres, via satellite, Amy Winehouse se produit sur scène, pour les 50e Grammy Awards, au Staples center de Los Angeles, Californie, le 10 février 2008.

6

GLOIRES ET DÉBOIRES

En 2007, Amy s'ennuie. Sa maison de disques a pourtant tout fait pour la distraire de son spleen : elle lui a donné l'Amérique sur un plateau. Il n'en avait pas été question pour « *Frank* » – dommage car, au pays de Sinatra et de Nina Simone, on aurait pu apprécier –, mais devant le succès british de « *Back to Black* », qui se vend comme des petits pains, les pontes se sont inclinés. Avec ses petites robes et sa grande voix, Amy doit partir à l'assaut du tout-puissant marché yankee. Cela donnerait immédiatement le tournis à n'importe quel artiste ou groupe étranger qui sait, d'expérience, qu'on se casse vite les dents sur un territoire aussi vaste et un marché aussi peu réceptif à l'invasion venue d'ailleurs. Mais pas à Amy. Quand elle ne doute pas, Amy est étonnamment sûre d'elle. Et puis, elle sait, au fond, que, malgré son accent cockney et ses histoires de pub, de bière et d'amant trompé, tout son univers musical vient de là, d'une Amérique mythologique et révolue, avec ses clubs de jazz enfumés et son Las Vegas rutilant période Rat Pack.

Va donc pour l'Amérique. Island Records a voulu bien faire les choses. Ils ont opté pour le chic et branché. Chic ? New York donc, *what else* ? Toute autre option aurait fait plouc ou hors sujet. Branché ? Une petite salle de l'East Village, le Joe's pub, où Norah Jones et Alicia Keys s'étaient déjà produites. La millionnaire de l'easy jazz et la pianiste soul R'n'B ultra respectée, bien vu. D'ailleurs, les billets s'arrachent en quelques heures et les célébrités poids lourds comme Mos Def, Jay Z ou Mark Ronson se pressent aux deux soirs où Amy se produit sur scène. Ils sont impressionnés par la présence de la chanteuse qui déboule, très femme, en robe bustier noire de James Bond girl, hauts talons

Portrait réalisé
par Daniel Stier
à Londres
le 10 février 2007.

et monumentale fausse choucroute, et sirote tranquillement un verre entre deux morceaux. Derrière, un mur de musiciens en costard-cravate et deux choristes qui font le show avec leurs chorés millésimées : ce sont les Dap-Kings, venus prêter renfort à leur soul sister d'outre-Atlantique. La presse américaine, déjà au parfum du buzz persistant que provoque cette Anglaise blanche, juive, qui chante comme une Noire et jure comme un charretier, est conquise. Tout comme le public fait un accueil triomphal à l'album, n° 7 dès son entrée dans les charts, le meilleur démarrage jamais réalisé par une chanteuse anglaise aux États-Unis. Manque de chance, « *Back to Black* » se fait voler la vedette, la semaine suivante, par « *The Soul Sessions* », le premier album d'une autre Anglaise à la voix spectaculaire (quoique nettement plus conventionnelle), Joss Stone. Une pauvre ringarde, cette Joss Stone, aurait dit Amy, si elle avait pris deux minutes de son temps pour la critiquer. Donc, malgré l'Amérique à ses pieds, les critiques dithyrambiques, l'argent qui commence à arriver, Amy trouve sérieusement le temps long. Elle n'a d'ailleurs jamais prétendu être ambitieuse, ce truc obscène pour popstars blondes et musclées. Et puis la gloire, c'est angoissant quand on a une estime de soi sujette aux changements, on se dit que le succès ne durera pas, ou qu'on ne le mérite pas, au fond.

Il y a bien Alex Claire, avec qui elle fait l'amour plusieurs fois par jour dans des lieux improbables (elle a toujours été une personne très sexuelle), mais il est trop blond, pas assez maigre, trop prévisible pour elle. Il lui arrive même, à Alex, d'essayer de sauver Amy de ses propres démons. « Je bois beaucoup et j'ai l'alcool mauvais, dira-t-elle à un journaliste de l'*Irish Times*. Je suis violente quand j'ai bu. Ce n'est que depuis que je sors avec Alex que j'ai pris conscience de ça. Mon ex-petit ami me disait des choses du style "Arrête, c'est idiot" et se disputait avec moi quand j'étais ivre, ce qui ne faisait qu'aggraver la situation. Alex, lui, m'en parle le lendemain, quand j'ai dessaoulé. Je suis vraiment mal à l'aise quand il me raconte que je lui ai donné six coups de poing au visage. Bien sûr, ça me donne envie de réduire ma consommation, mais j'ai un comportement extrêmement autodestructeur. » Et pour Amy, qui n'écoute qu'elle-même ou son « enfant intérieur », comme elle le confiera un jour à un journaliste, recevoir des leçons de conduite, c'est utile un temps, mais quand ça se prolonge, ça devient vite assommant.

Mark Ronson et Amy Winehouse sur la scène du Earls Court lors de la cérémonie des Brit Award, le 20 février 2008, à Londres.

Amy Winehouse et Kelly Osbourne
au Roxy Theater, night-club à West Hollywood,
en Californie, le 23 mars 2007.

POUR LUI PROUVER QU'ELLE AUSSI, ELLE L'A DANS LA PEAU, AMY S'EST FAIT TATOUER UNE JOLIE POCHE DE CHEMISE SUR LE SEIN GAUCHE, AVEC LE NOM DE BLAKE INSCRIT AU-DESSUS...

Et puis il y a Blake, qui n'a jamais vraiment quitté le paysage, à vrai dire. Elle continue à lui envoyer des textos enflammés, ou à se retrouver sur ses genoux au pub, quand elle n'y est pas en train de se saouler avec sa nouvelle copine Kelly Osbourne. Ses amis se demandent même à quoi elle joue. Blake, comprend ses états limites, ses rituels d'automutilation – se faire mal pour détourner l'angoisse, souffrir pour ne pas sombrer, comater pour mieux colmater la douleur – puisqu'il a les mêmes. Blake, le romantique trash qui déclarera : « Quand nous nous sommes rencontrés, nous avons été immédiatement attirés l'un vers l'autre et ça n'a jamais changé. Je sais qu'Amy et moi allons être ensemble. C'est l'amour de ma vie. » Pour lui prouver qu'elle aussi, elle l'avait dans la peau, Amy s'était fait tatouer peu après leur rencontre en 2005, une jolie poche de chemise, sur le sein gauche, avec le nom de Blake inscrit au-dessus, une façon de clamer : « j'appartiens à cet homme ». Ce tatouage complète une kyrielle d'autres disséminés sur son corps, parmi lesquels une ancre marine, un aigle américain, un fer à cheval, les inscriptions « Daddy's girl » et « Cynthia », et plusieurs pin-up rétro dénudées. De vrais tattoos de marin.

Alors Alex la quitte, agacé d'être la cinquième roue du carrosse dans ce trio de vaudeville qui n'en est pas un, et Amy est triste. Elle se remet assez vite, il faut dire, en se fiançant avec Blake courant avril. Elle montre à qui veut la voir la bague de chez Tiffany d'une valeur de 3 800 euros que lui aurait offerte Blake. (Mais on se permet d'en douter car le garçon se fait payer par Amy tous ses billets d'avion et n'a pas un sou vaillant.) Et le couple se marie le 18 mai à Miami, en conclusion d'une tournée américaine dont le point d'orgue aura été le festival Coachella, où Amy, pieds nus, vêtue d'un haut de maillot de bain et d'un mini-short effrangé, subjugue la foule. Ses parents seront informés au dernier moment du mariage. Mitch ne s'en remet pas, dépité et triste que son ex-femme ait manqué la cérémonie. Mais cela ne change pas grand-chose pour Janis, qui tenait déjà Blake pour un moins que rien.

L'union sacrée, gage de stabilité et d'amour longue durée, aurait-elle métamorphosé Amy ? Euh... Depuis mars et les deux concerts annulés au Shepherd's Bush de Londres, « pour circonstances imprévues », elle a contracté l'habitude d'annuler au petit bonheur la chance. Là, elle avait en réalité perdu une dent, déchaussée en mordant dans un glaçon. Mais après tout, elle n'en a que trente-deux, et il faut bien trouver d'autres prétextes valables... Les bas vertigineux succèdent ainsi aux hauts inoubliables. Elle a remporté le prix de la meilleure artiste anglaise solo aux BRIT Awards et celui de la meilleure chanson (avec

Amy Winehouse
se produit au Joe's Pub
de New York,
le 16 janvier 2006.

Amy Winehouse se fraie un chemin à travers la foule de ses fans, pour recevoir l'Award de la Meilleure artiste féminine Solo, aux Brit Awards 2007, à la Earls Court de Londres, le 14 février.

LES BAS VERTIGINEUX SUCCÈDENT AUX HAUTS INOUBLIABLES.
AMY A REMPORTÉ LE PRIX DE LA MEILLEURE ARTISTE ANGLAISE SOLO AUX BRIT AWARDS

Après sa performance du Riverside Studios, transmise par vidéo satellite de Londres, Amy Winehouse est étreinte par Zalon, l'un des membres de son groupe, lors des 50e Grammy Awards, à Los Angeles, Californie, le 10 février 2008.

Rehab) aux Ivor Novello Awards. Le 9 juin, elle donne une impressionnante prestation au festival de l'île de Wight et bluffe tout le monde en interprétant en duo avec Mick Jagger *Ain't Too Proud To Beg*, un classique des Temptations. Le magazine américain *Spin* lui consacre une couverture, et le journaliste raconte dans l'interview qu'Amy, dans un état second, s'est servie d'un éclat

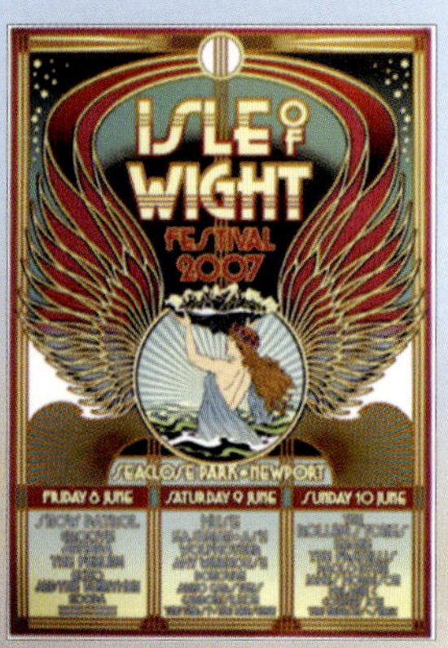

de miroir brisé (celui avec lequel elle a inspecté son nez pour voir s'il n'y avait pas de traces de poudre) pour inscrire sur son ventre les mots « *I love Blake* ». Amy évoque dans l'article son amour pour son mari. « On n'a pas cessé d'être proches, mais on en était arrivés au point où le fait de continuer à se voir blessait d'autres personnes, raconte-t-elle. Pour nous, être ensemble est une évidence. Je chante cet amour sur scène tous les soirs, je pleure même. Mais quand je suis avec lui, j'ai l'impression que rien de mal ne peut m'arriver, je ne peux pas vraiment expliquer pourquoi. » Elle expliquera ailleurs sa manière, assez à l'ancienne, de conceptualiser l'amour : « J'attends de mon *boyfriend* qu'il vienne dormir chez moi tous les soirs. Avec moi, c'est tout ou rien, mais j'aime aussi m'occuper de mon homme et lui donner l'impression qu'il est un roi. » Le 28 juin, quelques jours après sa prestation au festival de Glastonbury, elle donne un showcase (privé) à Bobino à l'occasion d'une soirée de sa maison de disques française. Fascinante avec ses jambes maigres sous sa robe de vamp, et cet abrupt mélange de violente indifférence envers son public et de vulnérabilité douloureuse et poignante, elle passe tout le concert, Callas inquiète, à scruter les derniers rangs, une main placée en visière au-dessus des yeux, à la recherche de son Blake. Totalement immergée dans son monde à elle, prêtant une attention juste polie à ses chansons. Ce soir-là, on se demande ce qui cloche

POUR NOUS, ÊTRE ENSEMBLE EST UNE ÉVIDENCE. JE CHANTE CET AMOUR SUR SCÈNE TOUS LES SOIRS, JE PLEURE MÊME.

Dans un entretien accordé au magazine *Spin*, Amy évoque son amour pour Blake, son mari.

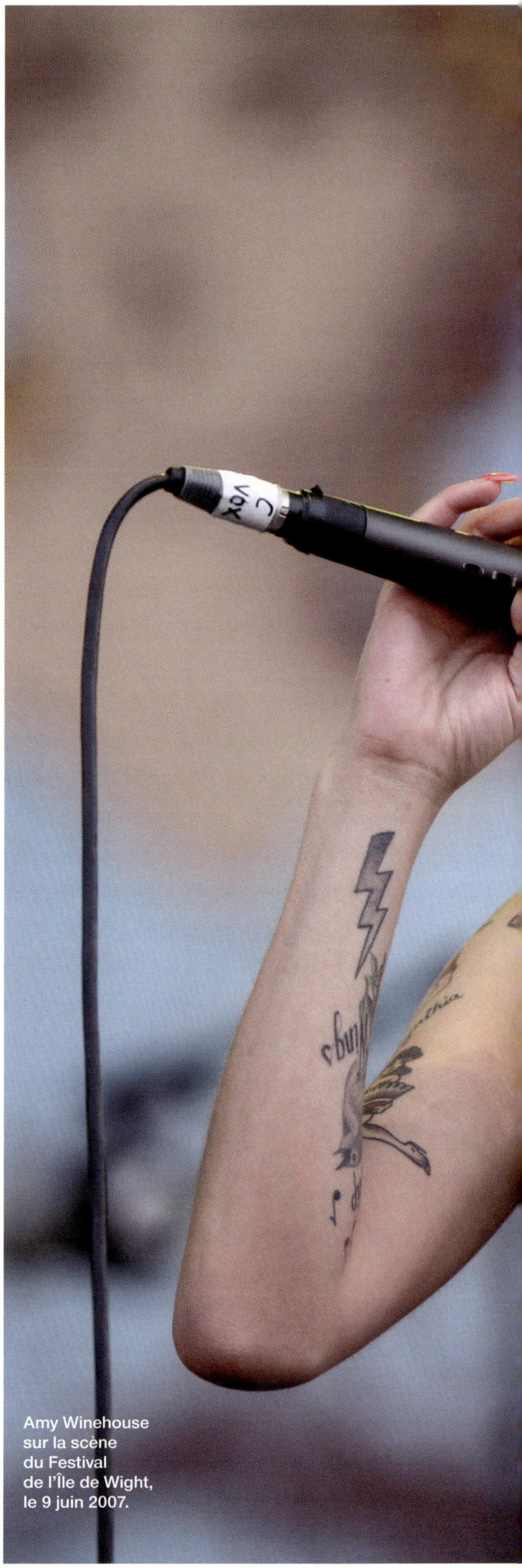

Amy Winehouse sur la scène du Festival de l'Île de Wight, le 9 juin 2007.

chez Amy Winehouse...

Et on n'allait pas tarder à avoir la réponse. Elle arrive dans la nuit du 7 août. Après trois jours et trois nuits de fête ininterrompue pendant lesquels elle a avalé, fumé ou sniffé tout ce qui lui tombait sous la main – cocaïne, vodka, whisky, ecstasy, héroïne, kétamine (un tranquillisant pour chevaux) –, Amy se sent brutalement mal. « Elle était seule avec Blake, raconte Mitch dans *Amy, ma fille*[1]. Il l'a mise dans la position latérale de sécurité, mais au lieu d'appeler une ambulance, il a téléphoné à Juliette, l'une de ses plus anciennes amies, pour qu'elle la conduise à l'hôpital. » Amy a fait une overdose, et les infirmiers lui administrent un lavage d'estomac et lui font une piqûre d'adrénaline. C'est un choc pour Mitch et Janis, qui n'avaient jamais imaginé que leur fille puisse en venir à de telles extrémités, elle qui avait toujours affirmé publiquement qu'elle était opposée aux drogues dures. Et une aubaine pour les tabloïds, qui multiplient, trois jours durant, les gros titres sur l'affaire. Rien de plus ordinaire dans la vie d'Amy Winehouse, qui deviendra en quelques mois un mauvais feuilleton en noir et blanc ou en couleurs dans un papier à emballer le poisson. Là, il y a matière, comme on dit : l'annonce à Georgette et Giles Civil par Amy et Blake qu'ils sont accros à l'héroïne et à la coke ; l'entrée en cure de désintoxication du couple à la Causeway Clinic dans l'Essex, malgré la volonté de Mitch et Janis de les faire soigner séparément, et... leur sortie précipitée moins de quarante-huit plus tard, sur les conseils de Blake, avec une virée au pub le soir même. Conséquence du drame : l'annulation de plusieurs concerts importants, dont le festival V en Angleterre et le festival Rock en Seine en France, et, plus néfaste encore pour sa carrière, l'annulation de la tournée américaine qui devait débuter le 12 septembre à New York. « Amy est très maigre, déshydratée et donne l'impression de sortir d'un camp de concentration, dira Mitch. Elle mange à peine. Elle ne dort pas. [...] Il n'y a aucune raison pour qu'elle s'autodétruise de cette façon-là. »

EST-CE LA GLOIRE, L'ATTENTION SUBITE ET MASSIVE, D'INCONNUS LA RENVOYANT DOULOUREUSEMENT À CET ABYSSAL MANQUE AFFECTIF QU'ELLE TENTE DE COMBLER PAR TOUS LES MOYENS ?

Le processus, pourtant, semble bien enclenché. Un verrou a clairement sauté du côté d'Amy. Est-ce la gloire, l'attention subite, et de plus en plus massive, d'inconnus la renvoyant soudain douloureusement, en comparaison, à cet abyssal manque affectif qu'elle tente de combler par tous les moyens ? Cette sensation confuse que son succès ne s'arrime à rien de solide ? Cette impression de se dédoubler, et de contempler une autre image d'elle-même, démultipliée par les clips et les magazines ? Elle a trouvé en Blake son double obscur, son parfait alibi pour flirter avec ce qu'au fond, avec son caractère de téméraire tragédienne, elle a toujours eu envie de frôler : la mort. Larguez la grand-voile, hissez les amarres... Le vaisseau fantôme file à l'aveuglette sur les océans noirs.

Le 23 août, dans la nuit, une violente dispute, agrémentée de cris et de bruits de bris de mobilier, éclate entre Amy et Blake, installés dans une chambre du luxueux hôtel Sanderson. Les clients, aux premières loges, relateront la scène qui se déroule alors, ainsi que les paparazzis à l'affût, postés dans la rue. Vers trois heures et demie du matin, Amy court dans le couloir jusqu'à l'ascenseur, poursuivie par Blake en sang, hurlant et l'insultant. Amy est en larmes, recroquevillée dans un coin de l'ascenseur. Dès que les portes s'entrouvrent,

1. *Amy, my daughter*, Éd. HarperCollins.

Amy Winehouse au Festival
de l'Île de Wight, le 9 juin 2007.

Amy Winehouse
au Festival de Glastonbury,
le 28 juin 2008.

elle court dans le hall de l'hôtel et s'échappe dans la rue, Blake sur ses pas. Les photographes prennent au vol les premières photos du couple, dont l'apparence physique les stupéfie. Blake a le menton strié de coupures ensanglantées et dissimule sous une écharpe grise d'autres estafilades au cou, comme si quelqu'un armé d'un couteau l'avait attaqué. L'eye-liner a coulé sur tout le visage d'Amy, le barbouillant de noir ; elle a une coupure à la tempe et un œil ensanglanté. Plus étrange encore est l'état dans lequel se trouvent ses chaussures, de ravissantes ballerines roses de danseuse déchirées, maculées de saleté et de sang. Les journaux qui relateront l'épisode rapprocheront le sang des ballerines du fait que certains junkies s'injectent de l'héroïne entre les orteils... Amy lève le bras, héle une voiture qui s'arrête, monte dedans. Elle la dépose près d'une boutique ouverte 24 heures sur 24 où elle s'achète un paquet de cigarettes. Puis elle retrouve Blake, calmé.

La suite de l'histoire, on pourra la lire le lendemain et les jours suivants dans la presse mondiale. Et plus particulièrement sur le blog de Perez Hilton, célèbre blogueur américain, spécialiste du people et ami des stars. Celui-ci prend parti pour Amy et s'inquiète de la pente autodestructrice qu'a prise la star anglaise. « Nous croyons en Dieu et nous prions pour qu'Il soit en mesure d'aider Amy à échapper à la mort, qu'elle ne cesse d'inviter dans son existence.

LA SUITE DE L'HISTOIRE, ON POURRA LA LIRE LE LENDEMAIN ET LES JOURS SUIVANTS DANS LA PRESSE MONDIALE.

CI-DESSOUS :
Amy Winehouse et Blake Fielder-Civil, backstage au Festival de l'Île de Wight, le 9 juin 2007, Newport, Angleterre.

Amy Winehouse
et Blake Fielder-Civil,
le jour de leur
mariage, le 18 mai 2007
à Miami, USA.

JE ME TROUVE RÉPUGNANTE ET BLAKE EST LA SEULE PERSONNE AU MONDE QUI PARVIENNE À M'EMPÊCHER DE ME SENTIR COMME ÇA.

Et qu'elle largue son loser de mari !!! », écrit-il. En guise de réponse, il a rapidement reçu un SMS d'Amy qui précise : « Blake est le meilleur homme au monde. Nous ne nous ferions jamais de mal. Retire ce que tu as écrit sur ton blog. Je croyais que tu étais de mon côté. J'étais en train de me scarifier quand il m'a trouvée dans notre chambre sur le point de prendre de la drogue avec une call-girl et il m'a dit que je n'étais pas assez bien pour lui. J'ai pété les plombs et il m'a sauvé la vie. » Mitch commentera ce nouveau drame en confiant au *Sun* : « Ces photos m'ont rendu malade. Non, pire, j'ai eu envie de mourir. » Quant aux parents de Blake, ils demanderont publiquement aux fans de boycotter les disques d'Amy pour qu'elle et son mari arrêtent « de se tuer avec la drogue ». Cette fois, la descente aux enfers du couple évoque la tragédie d'un autre couple terrible : Sid Vicious, bassiste des Sex Pistols, qui sera accusé en 1978 du meurtre de sa compagne Nancy Spungen, groupie héroïnomane comme lui, après la découverte de son corps poignardé dans la baignoire de sa chambre d'hôtel. Il mourra d'overdose peu après sa sortie de prison.

Les deux familles tremblent pour leurs enfants, entraînés dans une spirale mortifère qui ne semble pas vouloir s'arrêter. D'autant qu'Amy se refuse à quitter Blake pour se rendre en cure de désintoxication. Elle déclare : « Je ne peux pas combattre la drogue sans lui. Il est mon roc et, en tant que couple marié, nous devons traverser les épreuves ensemble. Blake dit qu'il ne retournera pas en cure de désintoxication mais moi, je peux si je veux. Mais je ne veux pas y aller sans lui. Je sais que j'ai besoin d'aide, mais Blake est la seule personne qui puisse m'aider. Je ne veux pas le perdre. Je ne le perdrai pas. Je veux le rendre heureux, comme il me rend heureuse. Je me trouve répugnante et Blake est la seule personne au monde qui parvienne à m'empêcher de me sentir comme ça. Je n'arrive pas à croire qu'il veuille rester avec moi. Je ne comprends pas pourquoi. Tout ce que je sais, c'est que je suis la fille la plus chanceuse du monde d'avoir quelqu'un d'aussi aimant que Blake. » Celui-ci a pourtant admis dans une interview qu'il avait initié Amy aux drogues dures...

Le single *Valerie* de Marc Ronson, enregistré avec Amy Winehouse.

Pour prendre un peu de repos, le couple s'envole pour Sainte-Lucie, paradis caraïbéen ensoleillé où les soucis semblent loin. Mais les soucis, Blake et Amy les emmènent avec eux partout où ils passent et la direction de l'hôtel de luxe où ils résident pendant leur séjour se plaindra de comportements bizarres et de chambre dévastée. De retour au Royaume-Uni, Amy émigre cependant de la rubrique fait-divers des journaux aux colonnes musique : elle remporte le prix de la meilleure chanteuse féminine de l'année aux MOBO Awards. Et part en tournée européenne peu après. Un nouvel incident fait encore une fois la une de la presse à sensation. Le couple a été arrêté à Bergen, en Norvège, pour possession de marijuana. Il s'en tire avec une garde à vue d'une nuit au commissariat et une amende, et reprend la route des concerts. Revenue à nouveau en Angleterre, Amy démarre une tournée d'été en juillet par un concert à Somerset House qui enchantera son public et les critiques. En interprétant le dernier morceau du set, *Valerie*, la reprise des Zutons réalisée par Mark Ronson, elle se fera même huer par ses fans, tristes que le concert se termine. « Hé, plaisantera-t-elle, ça fait une heure que je suis là et je ne me suis même pas écroulée une seule fois. »

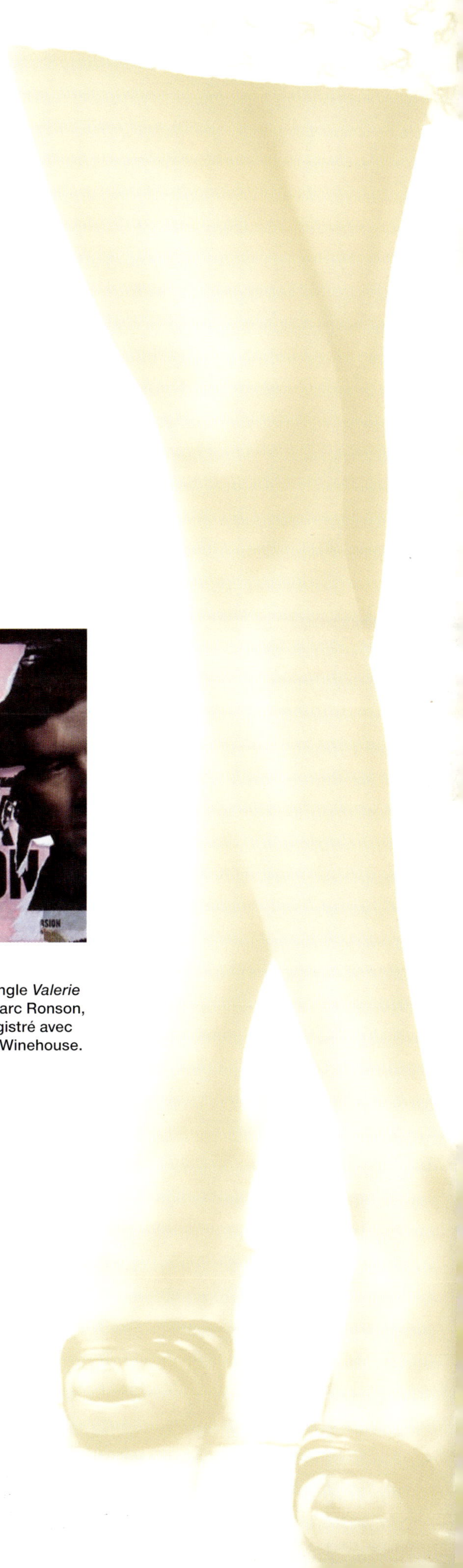

Le moral est plutôt au beau fixe et la santé d'Amy légèrement meilleure. Mais en novembre, malgré la cérémonie des MTV Music Video Awards où elle reçoit le prix de la meilleure artiste et où elle chante *Back to Black*, un nouvel incident vient perturber l'équilibre fragile de la chanteuse. En juin 2006, Blake et un ami, Michael Brown, ont sauvagement attaqué et frappé un propriétaire de bar pour se venger de les avoir jetés, ivres, de son établissement. L'homme est roué de coups, et ses blessures nécessiteront une opération de douze heures, avec pose de vis et de plaques en métal dans le crâne. Blake est arrêté pour agression, mais aussi parce qu'il a tenté de soudoyer le barman pour qu'il retire sa plainte, en lui offrant une somme de quatre cent mille dollars, ce qui représente une entrave à la justice, passible d'une peine de prison à vie en Angleterre. Éplorée, Amy n'arrive pas à croire que son homme soit coupable. Leurs adieux devant le fourgon de police qui emmène Blake au poste sont déchirants. « Chéri, je t'aime. Ça ira », souffle Amy à son mari, tout pâle, pendant que les *bobbies* le menottent. Flashes des photographes accourus en hâte pour couvrir « l'événement ».

Cette fois, sans le « roc » qui la soutient, Amy vacille. Les concerts qu'elle donne sont émaillés de retards et d'incidents que la presse juge sévèrement. À Birmingham, Amy s'effondre en larmes et se met à insulter les spectateurs. Le public la hue ou quitte la salle, exigeant un remboursement. À Londres, elle monte sur scène avec une heure de retard et donne l'impression d'être sous l'emprise de drogues. Puis la nouvelle tombe : elle a annulé les dernières dates de sa tournée et toutes ses apparitions publiques pour l'année 2007. Une nouvelle qui fait réagir Janis, qui s'inquiétait que sa fille, à bout de nerfs et désespérée, ne commette un geste irréparable : « Amy doit en profiter pour se remettre sur pied et reprendre des forces. Elle se croit forte, mais elle se trompe. [...] J'espère qu'elle va un peu lever le pied avant de se remettre à écrire de nouvelles chansons. Il faut qu'elle se désintoxique. Il en va de sa vie. » Le poids des mots, mais le choc contradictoire des photos. Peu après cette déclaration dans la presse, les paparazzis surprennent Amy à 5 h 30 du matin, errant dans son quartier, hagarde et ivre, vêtue seulement d'un soutien-gorge et d'un jean, alors que la température de la capitale britannique flirte avec zéro. Les photos sont bouleversantes et disent, mieux qu'un discours, toute la détresse de la diva perturbée.

EN DÉCEMBRE 2007, AMY EST NOMINÉE SIX FOIS AUX GRAMMY AWARDS AMÉRICAINS. ELLE REMPORTE CINQ TROPHÉES.

Comme il est dit que l'année 2007 jouera au yo-yo avec les bas les plus sordides et les hauts les plus prestigieux de la vie d'Amy, on apprend en décembre qu'elle est nominée six fois aux Grammy Awards américains. Elle remporte cinq trophées : révélation de l'année, meilleure chanteuse pop, chanson de l'année, meilleur album pop et disque de l'année. Une bonne nouvelle qui met un peu de baume au coeur à l'entourage d'Amy.

Amy Winehouse
aux MTV Europe
Awards 2007,
à Munich,
en Allemagne,
le 1er novembre.

Amy Winehouse
et son groupe, en concert,
sur la scène du Shepherd's
Bush Empire, Londres,
le 28 mai 2007.

YAMAHA
Zildjian

7

LES LIAISONS DANGEREUSES

La philosophie amoureuse d'Amy tient en une phrase, « *He Hit Me And It Felt Like A Kiss* » (il m'a frappée, et on aurait dit un baiser), le titre d'une chanson de 1962 des Crystals, écrite par Gerry Goffin et Carole King et produite par Phil Spector. Le morceau n'eut pas à l'époque un gros impact médiatique ou commercial puisqu'il fut retiré des ondes, beaucoup d'auditeurs ayant protesté contre sa diffusion, trouvant que les paroles légitimaient les violences conjugales. Avec un tel programme, qu'on ne s'étonne pas après que sa vie sentimentale, ou son mariage avec Blake Fielder-Civil, n'aient pas été un long fleuve tranquille... Amy croit dur comme fer à la mythologie un poil vieille école du *Fais-moi mal, Johnny* de Boris Vian. « Mo,i j'aime l'amour qui fait boum ! chante Magali Noël. – Je vais t'en refiler de la série noire », lui répond le Johnny de la chanson, serviable. L'amour vache, l'amour up and down, celui qui vous fait sangloter dans votre tequila pendant qu'un gros tatoué massacre un autre au billard et que vous remettez pour la dixième fois dans le jukebox *Remember Walking In The Sand* des Shangri-Las ou *Leader Of The Pack*, leur tube éternel, quintessence de la « death song » pour teenagers.

La série noire d'Amy, abonnée toute sa vie durant aux ruptures amoureuses, membre honorifique des Cœurs Brisés Anonymes, a commencé, on l'a vu, avec Chris, son premier amour sérieux avec qui elle restera neuf mois. Amy n'a que dix-sept ans, il a sept ans de plus qu'elle, mais elle voit bien que le Chris en question ne tient pas la route. Il est trop mou, trop routinier, trop gentil peut-être. Avec lui, la passion s'étiole avant même d'avoir commencé. Ils rompent, elle lui règle son compte dans les chansons de son premier album.

Amy Winehouse et Reg Traviss à la soirée de lancement du Shaka Zulu bar, club réputé dans le quartier de Camden, à Londres, le 4 août 2010.

Elle racontera l'après-Chris à une journaliste pour la promotion de « *Frank* » : « On s'est parlé au téléphone récemment. Il me hait mais je l'ai appellé et je lui ai dit : "Salut, je sais que tu me hais et j'en ai rien à foutre, mais je voulais juste t'appeler." Il pense que j'ai inventé tout ce que j'ai écrit dans les chansons mais je lui ai dit : "Non, en fait, j'ai vraiment éprouvé tous ces trucs pour toi, tu te souviens ? Quand tu étais une grosse tête de con. » Au cours de la même interview, elle évoque un nouveau *boyfriend*, Tyler James, chanteur et auteur-compositeur de son âge qu'elle a connu à la Sylvia Young et qui l'a aidée à débuter. L'amitié s'est transformée en une sorte de compagnonnage « open bar » touchant et anticonformiste. Ils habitent ensemble à Camden. Sa grand-mère trouve qu'il ressemble à Leonardo Di Caprio. Amy le trouve beaucoup plus beau. « Même si j'ai travaillé toute la journée, je lui prépare à dîner quand il rentre, confie-t-elle avec enthousiasme. Je fais tout pour lui mais on a chacun nos vies. Je suis quelqu'un de très sexuel et le sexe est quelque chose de mineur dans notre relation, on a beaucoup d'autres choses à partager. Donc on voit d'autres personnes chacun de notre côté. » La journaliste lui demande alors si elle n'est jamais animée par un sentiment de jalousie ? Amy répond : « Non, mais je peux être possessive. Pas parce que c'est mon homme mais parce que c'est mon petit garçon. Je pense que personne n'est assez bon pour lui. Quand Tyler passe deux jours chez une fille, je m'inquiète. Est-ce qu'elle le nourrit, au moins ? On est tellement proches que je déteste me dire qu'il perd son temps avec moi, qu'il est en train de rater la fille de ses rêves. [...] Il y a des hommes que je vois en ce moment, mais je ne leur fais pas la cuisine. Je leur dis : je veux que vous continuiez à vous intéresser à moi, je ne veux pas que vous sombriez dans la routine. » Toujours taraudée par son manque d'estime de soi, Amy craint que ses amants ne s'en aillent, comme s'en est allé Mitch, le « premier homme » au sens où l'entendait Albert Camus, la laissant seule avec une mère et un frère dépressifs. Pour les rendre plus amoureux, elle fouette la passion, la monte en neige, transforme l'amour en une quête instable, inconfortable, dont on ne se rassasie jamais. Comme une petite fille blessée, elle joue à la dînette avec les sentiments.

Et puis Amy rencontre Blake. *Boy meets girl*... L'amour au premier regard, comme une étincelle qui enflamme une allumette. Il y a le feu au lac. Amy est dingue de ce type, un vague assistant qui n'aime pas travailler, qui n'a jamais eu l'ambition de faire quoi que ce soit dans la vie, un « minable » qui l'a entraînée en enfer comme dit Mitch Winehouse dans le livre qu'il consacre à sa fille. Un « minable » ? On peut imaginer, à l'époque du divorce et de son départ du domicile familial, que « minable » est un mot qu'a pu employer Janis à son encontre. Ou du moins qu'elle l'a fortement pensé.

Avec Blake, qui, quand elle le rencontre, a une autre femme, comme son père, Amy doit avoir eu l'impression de retrouver quelque chose de l'amour paternel, protecteur, dont elle a tant manqué. Il la protège et, en même temps, il lui fait du mal, comme Mitch. Avec Blake, c'est la passion folle, en roue libre, l'addiction amoureuse. Ils sont comme deux âmes sœurs. Pour lui plaire, elle se teindra les cheveux en blond, se fera refaire les seins. Entre eux semble s'être noué un pacte secret. Leurs familles respectives ont même peur que si l'un(e) se suicide, l'autre le suive immédiatement dans la mort. Ni leur première séparation ni leur divorce en 2009 ne semblent venir à bout de leur relation fusionnelle. Même s'ils ont divorcé, même s'ils ont refait leur vie chacun de leur côté – Blake avec Sarah Aspin, dont il aura un enfant, Amy avec Reg Traviss –, Amy continue à envoyer des textos à Blake en signant « Ta femme ». Janis se confiera : « Ils s'appellent sans arrêt. Blake a toujours voulu qu'elle revienne. Elle ne peut pas le quitter tout à fait et lui non plus. Ils sont tous les deux paumés et on ne sait pas bien gérer ça. » Amy aime Blake comme Blake aime Amy, « jusqu'à ce que la mort les sépare ».

QUAND TYLER PASSE DEUX JOURS CHEZ UNE FILLE, JE M'INQUIÈTE. EST-CE QU'ELLE LE NOURRIT, AU MOINS ?

Lorsque son mari croupit en prison en 2008, elle le trompera secrètement pourtant pendant deux mois avec Alex Haines, l'assistant personnel chargé de s'occuper d'elle. L'amour vache, toujours. Après leur liaison, Alex Haines la trahira d'ailleurs, en échange de quelques centaines de livres, en déballant tous ses secrets les plus intimes à la presse tabloïd. Crack au petit déjeuner, ingestion compulsive de McDo et de barres chocolatées avant d'aller se faire vomir, autoscarification (« son passe-temps préféré »), addiction au sexe, obsession pour Blake : Alex dévoile tout au grand jour. Tout comme Alex Claire, qui avait également livré tous les détails sordides de sa vie intime avec Amy au magazine *News of the World* en 2007 pour se venger de celle qui avait « piétiné » son cœur. Dans l'article intitulé « Bondage, coups et morsures », Claire s'était

CI-DESSOUS :
1. Amy Winehouse et Reg Traviss assistent à la soirée de lancement du Shaka Zulu bar, le 4 août 2010 à Londres.
2. Amy Winehouse avec son *boyfriend* Alex Jones-Donnelly (qui se fait aussi appeler Alex Claire), devant le London Astoria, Londres, le 19 février 2007.
3. Amy Winehouse avec Tyler James à Covent Garden le 17 septembre 2009, Londres.

Cynthia

complaisamment étalé sur les tendances sado-maso de leur couple d'alors, affirmant qu'Amy aimait dominer et être dominée. Un jour, en faisant l'amour dans la baignoire, elle lui avait enfoncé la tête sous l'eau, le faisant suffoquer. Une autre fois, c'est un bon coup de choucroute qu'il avait pris en plein visage… « Elle aimait m'aboyer des ordres et criait ce qu'elle voulait que je lui fasse. Elle m'attachait et me liait les mains avec une écharpe pour que je ne puisse pas lui résister. Elle commençait par me frapper au visage. Puis continuait en me mordant le cou et le torse… »

Le « *kiss and tell* », une pratique qu'a jusque-là évitée Reg Traviss, le dernier homme d'Amy, un cinéaste anglais bon chic bon genre qu'elle a rencontré en juin 2010 par l'intermédiaire de leurs deux familles. Grand, le cheveu gominé, la silhouette cintrée dans d'impeccables costumes années cinquante, Reg ressemble à une star hollywoodienne de l'âge d'or. Leur entente est instantanée. « Je crois qu'elle m'a compris la première fois qu'on s'est vus, et je crois que je l'ai comprise aussi » dira t-il. « Mon *boyfriend* est très gentil avec moi », assurera Amy à une journaliste du *Harper's Bazaar* en 2 011. Posé, aimable, attentionné, Reg, pour la famille d'Amy, fait figure, à côté de Blake, de gendre idéal. Las, on a appris récemment dans la presse britannique qu'il était inculpé de viol pour deux affaires survenues entre le 29 décembre 2011 et le 1er janvier 2012. Même s'il nie catégoriquement ces allégations, le dernier amoureux d'Amy Winehouse joue dans cette affaire sa réputation, qui n'avait jusque-là été entachée par aucun scandale.

PETER DOHERTY, SON ALTER EGO EN TALENT, DÉFONCE, TRASH ATTITUDE ET FRANC-PARLER, L'A TOUJOURS DÉFENDUE DANS LES MAGAZINES.

Enfin, on ne saurait clore ce survol rapide des hommes de la vie d'Amy sans parler de Peter Doherty, qui fut son ami-amant à partir de 2007 et a failli à plusieurs reprises, selon les rumeurs, enregistrer un duo avec elle. Son alter ego en talent, défonce, trash attitude et franc-parler, l'a toujours défendue dans les magazines. « Elle va bien, confiera-t-il à la presse en 2007 à propos de l'obsession des tabloïds pour Amy. Tout ça, c'est des conneries. Les gens devraient la laisser tranquille. J'ai pris un verre avec elle l'autre jour et elle va très bien. Totalement heureuse et en bonne santé. Les gens pensent qu'elle est ingérable, mais c'est faux. C'est une fille raisonnable qui sait ce qu'elle fait. Elle ne fait rien de mal. »

Preuve de leur complicité, une célèbre vidéo en ligne sur YouTube montrera Peter et Amy, complètement défoncés, en train de faire parler des bébés souris blanches. Après sa mort, le chanteur des Babyshambles, toujours aussi cash,

exprimera son chagrin au *New Musical Express* : « Lorsqu'Amy est morte, j'étais chez moi à Camden, incapable de bouger. En gros, j'étais vautré dans ma propre crasse. Littéralement les genoux dans la merde. Totalement incapable de partir. Je ne pouvais parler à personne, je ne pouvais voir personne et je ne pouvais pas prendre ma guitare. Et quand j'ai commencé à jouer de la guitare, ce ne sont que des horribles ballades qui sont sorties à propos d'Amy et du fait qu'elle ne reviendrait pas ce soir. Ce n'était pas un moment d'inspiration. » Le chanteur ne sera pas convié aux funérailles, sur l'ordre de Mitch, qui l'accuse d'avoir eu une mauvaise influence sur sa fille.

Selon Doherty, le fantôme d'Amy, lui, aurait été plus bienveillant à son égard. Il serait même venu le visiter à plusieurs reprises dans sa maison de Camden, provoquant chez le chanteur une profonde panique qui l'a poussé à aller vivre momentanément ailleurs. Poésie typiquement dohertienne ou hallucinations provoquées par des abus divers ? L'enquête est en cours…

PAGE DE GAUCHE :
Amy Winehouse, le 29 avril 2008, à Londres.

CI-DESSUS À DROITE :
Pete Doherty et les Babyshambles au festival 'Rock in the Park' à Nuremberg, Allemagne, le 2 juin 2006.

8 UNE SAISON EN ENFER

Quelque chose s'est brisé en cette fin d'année 2007 entre Amy et la scène. Celle qui affirmait que chanter en public, c'est mieux que faire l'amour, donne l'impression, entre de fragiles et bouleversants moments de grâce où elle semble y croire à nouveau, de vouloir s'en échapper, comme un rat pris au piège qui tourne sur lui-même pour trouver la sortie. Au Zénith de Paris où elle se produit en octobre, elle passe de longues minutes penchée sur sa guitare à tenter de l'accorder, pendant que les spectateurs huent « non, pas la guitare ! », sort fréquemment de scène, vacillant sur ses hauts talons, réapparaît avec un verre rempli à ras bord à la main, consulte ses musiciens, semble hésiter, comme si elle était en répétition. Au lieu d'être un refuge et un terrain d'expression où elle peut enfin se libérer des tensions accumulées, la scène est devenue pour elle un territoire hostile, le lieu où la pression du succès lui revient comme un boomerang. Et chaque chanson de son répertoire la ramène à Blake, l'absent tant aimé. Paradoxalement, c'est l'année où on a le plus écouté « *Back to Black* » – l'album, qui s'est écoulé à 4,5 millions d'exemplaires dans le monde et qui va bientôt détrôner « *X&Y* » de Coldplay comme étant l'album le plus vendu en Angleterre sur amazon.com – que son interprète renonce peu à peu à donner de la voix, comme vaincue.

À vrai dire, il semble ne plus y avoir de havre de paix sur terre pour Amy Winehouse, devenue en une année la cible n°1 des paparazzis qui la traquent, en meute, partout où elle va et campent devant chez

Amy Winehouse, accusée d'agression, se rend à la Milton Keynes Magistrates Court, le Tribunal correctionnel de Londres, le 20 janvier 2010.

elle 24 heures sur 24. Pour ces chasseurs de prime sans scrupules d'un nouveau style, l'affaire est juteuse. Chacun des faits et gestes d'Amy, même le plus minime ou le plus dérisoire, comme un plat de poulet englouti dans un restaurant ou un taxi pris à la sauvette, est âprement monnayé et savamment relayé par la presse tabloïd et Internet. Le monde libre tout entier se voit contraint d'avoir un avis sur elle, attristé ou cruel.

Aujourd'hui, toute star de la pop, à partir d'un certain degré de notoriété, voit sa vie se transformer plus ou moins en spectacle. Mais le quotidien d'Amy, lui, est un feuilleton moderne et absurde dont on juge chaque rebondissement avec un mélange d'effroi et de gourmandise, le pouce levé ou baissé comme aux jeux du cirque, à l'aune des unes sadiques qui clament, l'une après l'autre : « Amy est suicidaire. » Et des paris d'internautes qui tablent sur sa disparition dans le courant de l'année.

La gentillesse naturelle de la chanteuse et son côté maternel ajoutent encore un peu de confusion au chaos. Elle se préoccupe du sort des photographes qui cernent sa maison, les traitent comme des « animaux sous sa protection », écrira en 2008 une journaliste de *Rolling Stone* qui a réussi à entrer chez elle et à la côtoyer une partie de la nuit après avoir attendu plusieurs heures sur son perron. « Elle leur fait du thé et, à diverses occasions, les a giflés lorsqu'ils s'approchaient trop près », précise-t-elle. Dans cette jungle, Amy laisse parler son instinct. Elle fait aveuglément confiance aux femmes, « qui n'essaient pas de tirer profit d'elle ». Discute gentiment chiffons avec de jeunes fans à travers l'interphone de la porte d'entrée. Et exige des paparazzis qu'ils aillent lui chercher des bières. Un incessant ballet de dealers, masseuses, parasites/indics et vrais amis qui investissent jour et nuit la maison à trois étages, équipée d'un studio et d'une salle de gym inutiles, complète le casting. « Les photographes, jeunes pour la plupart, montrent un étrange respect pour celle qu'ils harcèlent ainsi jour après jour et parlent d'elle avec révérence », note la journaliste. Curieuse impression de lire le compte-rendu d'une interminable prise d'otage à l'autre bout du monde, dont chaque protagoniste souffrirait des symptômes propres au genre : syndrome de Stockholm, syndrome de Lima… Au quatre-cent-cinquantième jour de captivité, l'otage Amy Winehouse n'a toujours pas été libérée.

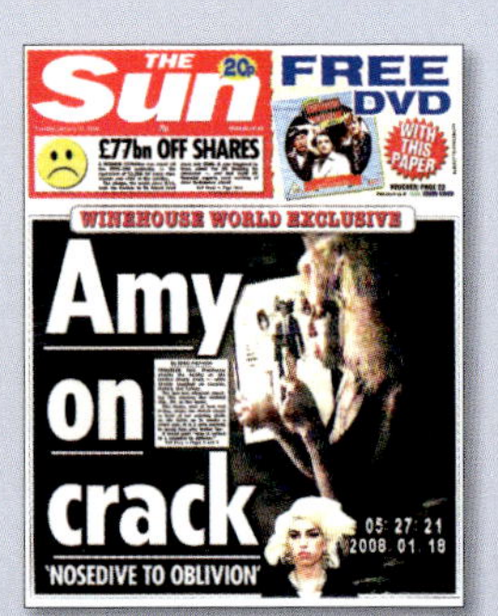

De fait, si les paparazzis ont le champ libre pour faire leur sale boulot et rassasier les voyeurs que nous sommes, c'est qu'Amy est sous l'emprise d'une maîtresse exigeante et toute-puissante, qui ravage son corps maigrissime, aux bras tailladés, et lui fait perdre pied : l'addiction. La présence bovine et la bêtise crasse, mais somme toute désespérément humaine, des photographes est presque rassurante – quasi un moindre mal – en comparaison. Depuis que Blake n'est plus là, Amy comble sa solitude en mettant les bouchées doubles, côté substances nocives. Tout y passe, ou presque. Fin janvier 2008, Amy, qui ressemble à une Marylin revenue de l'enfer avec sa nouvelle teinture blonde et ses tatouages, est filmée à l'intérieur de son domicile londonien en train de fumer du crack. La vidéo circule sur le Net et intéresse la police londonienne qui lance une enquête sur elle pour soupçon de détention de

LE CRACK EST LA PIRE DES DROGUES [...] ON EN A PRIS RÉGULIÈREMENT, AINSI QUE DE L'HÉROÏNE. ET PUIS NOS VIES SE SONT ÉCROULÉES.
BLAKE

Amy Winehouse sortant du Hawley Arms Pub, le 10 novembre 2009, Londres.

CI-CONTRE : Amy Winehouse en concert au Summer Soul Festival, à Florianopolis, au Bresil, le 9 janvier 2011.

PAGE DE DROITE : Amy Winehouse, en concert sur la scène du Shepherd's Bush Empire, Londres, le 29 mai 2007.

drogues. « Le crack est la pire des drogues, reconnaîtra Blake en novembre 2008 à un journaliste de *News of the World*. Il vous rend paranoïaque, ingérable, anxieux et totalement méfiant envers tout le monde. Et on peut être accro immédiatement. Mais j'étais faible et drogué et j'ai laissé Amy en prendre. Je n'ai rien fait pour empêcher ça. J'en assume l'entière responsabilité. On en a pris régulièrement, ainsi que de l'héroïne. Et puis nos vies se sont écroulées. »

AMY... QUI AFFIRMAIT QUE CHANTER EN PUBLIC, C'EST MIEUX QUE FAIRE L'AMOUR.

Le scandale et la menace d'arrestation agissent, à quelques jours de la cérémonie des Grammy Awards, comme un électrochoc, sinon sur Amy, du moins sur sa maison de disques qui publie un communiqué officiel. « Amy a décidé d'entrer dans un centre aujourd'hui, après un entretien avec sa compagnie de disques, ses agents, sa famille et des médecins. Universal Music group ne veut rien de plus que de la voir prendre le temps dont elle a besoin pour recouvrer totalement la santé et réaliser son potentiel incroyable avec l'aide du label », indique celui-ci diplomatiquement. Le 10 février, celle qui n'a pu obtenir son visa américain pour cause de contrôle positif à la drogue, interrompt sa cure de désintoxication pour assister, par liaison satellite, à la cérémonie des Grammy Awards. Court moment de triomphe : elle remporte cinq trophées (révélation de l'année, meilleure chanteuse pop, meilleure chanson de

l'année, meilleur album pop et disque de l'année) et les célébrités présentes dans la salle lui font une standing ovation lorsqu'elle chante *Rehab* et *You know I'm no good* puis remercie sobrement ses parents. Ce soir-là, Bad Amy a été good. Mais elle sort aussi vite du centre qu'elle est y entrée, confiera-t-elle en riant, plus tard, à un journaliste et s'y est défoncée pendant toute la durée de la cure.

Il faut sauver Amy Winehouse, semble penser l'opinion publique, cette année-là. Keith Richards vient à sa rescousse : « Elle ne fera pas de vieux os si elle ne se soigne pas », déclare-t-il, arguant qu'il n'y a pas eu de plus grande chanteuse qu'elle depuis Aretha Franklin. Andrew Lloyd-Webber, célèbre compositeur *d'Evita* ou de *Cats*, a pris aussi sa défense : « Cette fille doit être encouragée pour venir à bout de ses problèmes, parce qu'elle a un immense talent. Je dirais qu'elle a un côté Édith Piaf, ce qui est très rare. Elle vit complètement ses chansons. » Le monde de la mode lui rend également hommage et Amy, redevenue brune, donne un concert privé pour l'ouverture d'une nouvelle boutique Fendi devant un parterre de célébrités conquises. « Tout ce qu'elle porte va toujours très bien ensemble », assure Claudia Schiffer. « Elle est incroyable », répliquera en écho Delphine Arnault, fille de Bernard Arnault et membre du comité d'administration de LVMH. Voilà la légende d'Amy assurée : d'objet de curiosité malsaine, elle est passée en quelques heures au statut de nouvelle icône de mode.

C'est déjà ça, mais ça ne suffit pas. Car les ennuis recommencent pour Amy, convoquée au poste de police le 23 avril pour avoir frappé un homme qui hélait un taxi près d'un pub. Elle est aussi accusée d'avoir donné un coup de boule à un autre qui refusait de lui laisser sa place au billard. Elle s'excuse platement et les charges contre elle sont levées. Le même jour, Blake passe en jugement au tribunal et on apprend en lisant les tabloïds qu'il a articulé les mots « je t'aime » en regardant une jolie blonde de 21 ans dans la salle. Amy, elle, passe beaucoup de temps avec Alex Haynes, son nouvel amant, et son nouvel ami Peter Doherty, avec qui elle sort souvent. Entre les tumultueux époux, apparemment, « *it's complicated* » comme dirait Facebook. Leurs problèmes conjugaux se doublent même de complications familiales, puisque, depuis le début, les Winehouse s'opposent aux Civil, et vice versa, et n'hésitent pas à laver leur linge sale en public. Janis a clairement accusé Blake d'avoir initié Amy à la drogue. « Tout le monde s'en rend compte, mais Amy se voile la face, a-t-elle déclaré. Je pense que c'est lui qui lui a fait découvrir (les drogues) et maintenant, elle se dit : "Oh ! c'est bon, je peux en prendre." Je pense qu'elle n'est encore qu'une enfant. [...] Je me dis que pendant qu'ils sont séparés, elle va se réveiller et se dire : "Qu'est-ce que j'ai fait ?" Encore une fois, c'est le destin. Heureusement qu'il est en prison, car il va aussi avoir le temps de réfléchir. » Georgette verse alors de l'huile sur le feu en parlant d'Amy en ces termes : « Sa conduite est devenue totalement hors de contrôle. Elle se ridiculise complètement et j'espère que mon fils va divorcer. » Les Capulet versus les Montaigu version 2008...

IL FAUT SAUVER AMY WINEHOUSE, SEMBLE PENSER L'OPINION PUBLIQUE EN 2008.

Amy Winehouse et son choriste Zalon, au bord de la piscine de l'Hôtel Santa Teresa, où elle réside durant son séjour à Rio de Janeiro, le 11 janvier 2011, La veille, la chanteuse a donné un concert à l'HSBC Arena, à Barra da Tijucan, au Brésil.

Une année qui semble bien partie pour être l'*annus horribilis* d'Amy. L'ONU y va même de son couplet moralisateur. Dans une interview, Antonio Maria Costa, le directeur de l'Office des Nations unies contre la drogue et le crime, critique solennellement son comportement et celui de Kate Moss, responsables à son sens de contribuer à l'effondrement de l'Afrique. L'information fait le tour des rédactions et du Net. Un porte-parole d'Amy y répondra en arguant que la chanteuse, qui se bat pour s'en sortir, n'a jamais eu l'intention de faire sciemment la promotion de la drogue. Ce serait même plutôt le contraire car nul n'a vraiment envie d'être à la place de la chanteuse qui, à la mi-juin, perd conscience chez elle et est envoyée d'urgence à l'hôpital. On parle de tuberculose foudroyante, c'est en réalité un début d'emphysème provoqué par le crack. « Les poumons d'Amy ne fonctionnent qu'à 70 %, expliquera Mitch dans une interview au *Sunday Mirror*. Les médecins lui ont fait comprendre que si elle n'arrête pas de fumer de la drogue, non seulement cela ruinera sa voix, mais elle en mourra », ajoute-t-il. Une nouvelle épée de Damoclès suspendue au-dessus de la choucroute d'Amy, qui semble bien peu solide pour la protéger, quoi qu'elle en dise, de toutes ces nouvelles sources d'angoisse…

La diva, qui a remporté une nouvelle fois deux trophées aux Ivor Novello Awards en mai (celui des meilleures paroles et de la meilleure musique pour *Love Is A Losing Game*), et joué lors d'un concert privé pour le millionnaire russe Roman Abramovich, retrouve pourtant toutes ses capacités vocales au grand concert célébrant les quatre-vingt-dix ans de Nelson Mandela à Hyde Park, le 5 juillet. Il y a foule sur scène ce jour-là, et chacun des musiciens ou choristes présents est estomaqué de l'entendre changer les paroles du refrain « *Free Nelson Mandela* » en « *Free Blakey my fella* » (« Libérez mon mec, Blake »), certains amusés par ce culot hors normes, d'autres scandalisés qu'elle ait osé comparer son loser de mari à l'un des héros de l'humanité… Car il y a Blake, qui occupe toujours l'esprit d'Amy, malgré leurs infidélités respectives. Blake qui, le 21 juillet, est convoqué au tribunal avec ses complices pour répondre des charges pesant contre lui. Et qui au terme d'un procès au cours duquel le juge insistera sur sa lâcheté et sa veulerie gratuite, est condamné à vingt-sept mois de prison ferme.

DANS SES RARES INTERVIEWS, AMY CONFIE QU'ELLE RÊVE D'AVOIR AU MOINS CINQ ENFANTS, QU'ELLE ÉTAIT FAITE POUR UNE VIE NORMALE, SOUS-ENTENDUE PAS CELLE-CI.

Amy n'assiste pas au procès, et d'ailleurs, des rumeurs de divorce commencent à poindre concernant les deux tourtereaux. Elles sont pourtant vite balayées car on murmure que Mitch en a dissuadé sa fille, craignant que celle-ci ne perde la moitié de sa fortune, estimée à dix millions de livres, dans l'opération. Il a demandé la mise sous tutelle de sa fille, en vain. De plus en plus recluse chez elle, Amy ne s'échappe qu'à la tombée de nuit, hagarde et « désorientée » comme on dit avec tact en langue tabloïd. Dans une nouvelle vidéo captée dans une boîte de nuit à Camden, elle est surprise en train de sniffer une ligne de cocaïne de la longueur d'un rail de TGV. À Alex Haynes, son *boyfriend* pour quelques

PAGE DE GAUCHE : **Amy Winehouse se rend au Tribunal correctionnel de Westminster pour répondre d'une plainte pour agression, le 23 juillet 2009. La chanteuse aurait battu l'une de ses fans l'année précédente à Londres.**

mois, n'a-t-elle pas confié à plusieurs reprises qu'elle redoutait de mourir jeune et de faire partie du fameux club des 27, les rockstars célèbres disparues à cet âge fatidique ? Hantée par la mort, voulant frénétiquement croire à un avenir, elle confie dans ses rares interviews qu'elle rêve d'avoir au moins cinq enfants, qu'elle était faite pour une vie normale, sous-entendue pas celle-ci. Elle n'a que vingt-quatre ans. L'été se passe, avec son lot de concerts et de festivals où elle se montre imprévisible comme à son habitude. Au festival de Glastonbury, elle cogne un fan au premier rang.

En septembre 2008, on veut croire qu'Amy a pris la décision d'aller mieux. Des journaux prétendent qu'elle s'est convertie au bouddhisme, dans l'espoir d'apporter un peu de paix de l'esprit et de spiritualité à un quotidien déprimant et à une vie désorganisée. Elle aurait découvert le chant bouddhiste du « *Nam Myoho Renge Kyo* » qu'elle entonnerait tous les matins et tous les soirs avant de se coucher. Certains affirment en parallèle que Blake s'est lui aussi tourné vers la religion, réaffirmant sa foi chrétienne avec une louable et touchante conviction. Une manière, peut-être, de faire bonne figure en prison, le juge lui ayant promis qu'il serait libéré au bout de quelques mois s'il faisait preuve de bonne conduite.

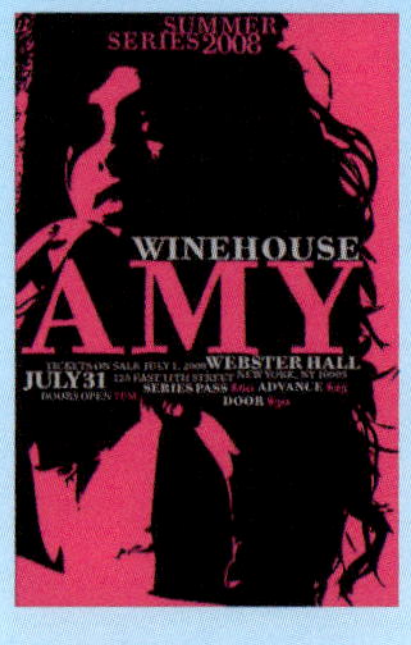

En novembre, Fielder-Civil est enfin libre. Libre de filer en cure de désintoxication au fin fond du Surrey, libre de ne pas croiser Amy qui d'ailleurs n'a fait aucun effort, même pour les paparazzis, pour attendre son héros à sa sortie de prison. Cette fois, les rumeurs de divorce se font plus précises. Les deux amants terribles arriveront-ils à se détacher l'un de l'autre ? Le débat est relancé. Mais reste en suspens. Blake fréquente sa blonde, Amy est à nouveau hospitalisée, au désespoir toujours plus grand de ses parents. Pourtant, la nouvelle année qui va commencer s'annonce sous de meilleurs auspices lorsqu'Amy prend la décision de s'éloigner de Londres et de ses tentations de tous les instants en s'envolant pour Sainte-Lucie, l'île paradisiaque sur laquelle elle a vécu des instants heureux avec son Blakey (et quelques nausées moins chic à décrire). Les paparazzis sont contents, ils vont prendre des vacances bien méritées aux frais de la princesse. La maison de disques aussi, qui envisage d'envoyer Salaam Remi aux Caraïbes pour aider Amy à enregistrer son tant attendu troisième album. Un album reggae ? Et pourquoi pas ! À l'aube de 2009, tous les espoirs sont désormais permis...

UN ALBUM REGGAE ? ET POURQUOI PAS ! À L'AUBE DE 2009, TOUS LES ESPOIRS SONT DÉSORMAIS PERMIS...

Amy Winehouse
à l'Arena Anhembi
de Sao Paulo, lors
du Summer Soul Festival,
le 15 janvier 2010,
au Brésil.

9 L'ÎLE AU TRÉSOR

Qu'est-ce que Charles Aznavour, cet extraordinaire représentant d'une époque révolue qui aurait plu à Amy, disait, déjà, dans *Emmenez-moi* ? « Emmenez-moi au bout de la terre / Emmenez-moi au pays des merveilles / Il me semble que la misère / Serait moins pénible au soleil » ? Est-ce que ça marche aussi pour l'alcoolisme, l'automutilation, l'anorexie-boulimie, l'addiction aux drogues diverses, grandes misères qui détournent les artistes géniaux de leur mission sur Terre, à savoir la musique ? Au soleil, dans un premier temps, les soucis d'Amy semblent s'estomper, comme le prouvent ces clichés publiés par la presse people où l'on voit Amy sur un cheval, Amy à la plage, Amy toute proche d'un ancien joueur de rugby, beau et musclé, Amy en short et brassière, la peau bronzée, la chevelure raccourcie, débarrassée du poids chancelant de son intimidante choucroute. Le teint pâle, les doigts noircis de résine de crack, la maigreur affolante paraissent bons à reléguer au rayon des accessoires, en même temps qu'un épouvantail de Blake et la photo encadrée de leur mariage (qu'un passant, d'ailleurs, a retrouvée dans une poubelle à Londres). Au soleil, à Sainte-Lucie, sainte patronne lumineuse qu'on invoque contre les maux d'yeux, les flux de sang, la dysenterie et les hémorragies, Amy renaît, se refait une santé, prend des cours de trapèze, rencontre de nouveaux meilleurs amis, envisage même, ou on envisage pour elle, d'enregistrer de nouvelles chansons. Elle sauve même une femme de la noyade, méritant haut la main son surnom de « Maman » que lui donnent par affection ses amis les plus chers.

Amy Whinshouse sur
la grande scène du
Festival T in the Park,
Angleterre,
le 13 juillet 2008.

Bon, ça c'est l'endroit du décor.

L'envers, évidemment, est tout de suite moins reluisant, puisque si Amy a réussi à tenir à peu près les substances trop chimiques à distance, elle boit néammoins beaucoup de rhums-coca au petit déjeuner. Trop. Ses mains tremblent, elle a des comportements incohérents, disparaît souvent au beau milieu d'une phrase. Mitch veut croire à son rétablissement, avec cette foi aveugle et cette culpabilité dévorante qui le tiennent debout depuis le début et le poussent à en faire trop, beaucoup trop. À sa façon, lui aussi, il est devenu une célébrité qui chante du Sinatra ou du Tony Bennett dans des clubs de jazz ou dans les émissions télévisées, gère la fortune – sérieusement entamée par toutes les dépenses illicites d'Amy – de sa fille et répond toujours présent quand on veut l'interviewer. Janis veut y croire elle aussi, avec plus de distance, sa sclérose en plaques diagnostiquée il y a quelques années ne lui laissant pas trop de répit.

Et puis il y a ceux qu'on n'a pas invités, les photographes et les journalistes people, qui abusent de l'amabilité et de la politesse légendaires d'Amy, lui apportant parfois de menus cadeaux pour essayer de l'amadouer, comme on jetterait une cacahuète à un singe dans un zoo pour lui faire faire une pirouette. Pour un peu, Amy la fantasque, la flamboyante, y perdrait sa dignité, si ce concept éculé n'avait déjà sombré corps et âme au chapitre quatre.

Oui, sur cette île magique au décor de carte postale, comme dans sa demeure de Camden à deux millions d'euros, Amy la mal-aimée se sent prisonnière de ses obsessions et de ses idées noires qui tournent en boucle dans sa tête, et que personne, surtout pas elle, n'a encore

Vue extérieure de la maison dans laquelle Amy Winehouse a emménagé le 2 mars 2009, à Londres.

tenté d'apprivoiser. Elle régresse même, parlant d'une manière enfantine, redevenant cette toute petite fille surdouée et hypersensible qu'un rien peut briser en mille morceaux. C'était bien la peine de payer aussi cher et d'aller aussi loin pour se sentir aussi mal. Elle dit pourtant le contraire dans une interview accordée début janvier à un tabloïd, dans laquelle elle confirme qu'elle ne se drogue plus, qu'elle est à nouveau amoureuse et sort avec l'acteur anglais Josh Bowman, que Blake était plus intéressé par l'argent qu'elle et qu'il n'était pas un cadeau au lit. « Je suis enfin sortie de l'enfer. Avant de venir ici, j'ai vu une photo de moi dans le journal et j'ai été horrifiée. J'étais maigre, toute pâle et pleine de boutons. Je me suis dit : "Ma fille, il va falloir te reprendre en main ou tu vas bientôt mourir. »

VOILÀ PLUSIEURS MOIS QU'ELLE EST CLEAN. MAIS ON NE VIENT PAS À BOUT D'UNE ADDICTION SANS LA VOIR SOUVENT REMPLACÉE PAR UNE AUTRE, ET AMY BOIT DE PLUS EN PLUS.

Amy a prévu de participer au festival de jazz de Sainte-Lucie qui a lieu en mai et dont elle se fait à l'avance une fête, mais elle doit rallier l'Angleterre en mars, car elle est inculpée pour avoir agressé et roué de coups une fan qui l'avait approchée d'un peu trop près en septembre 2008, à un bal de charité donné à Londres, destiné à lever des fonds pour les bonnes œuvres du prince Charles. Elle comparaît devant le tribunal le 17 mars, le teint hâlé et la choucroute bien en place, en courte robe fleurie, et plaide non coupable. Son visa d'entrée aux États-Unis pour y donner des concerts lui sera refusé pourtant, à cause de cette agression. Et sa participation au festival Coachella annulée pour cette raison. Elle monte sur scène ivre au festival de jazz de Sainte-Lucie, titubant et oubliant la moitié des paroles.

2009 est aussi l'année où Amy divorce de Blake et tire un trait sur leur relation. Car même si « elle a même oublié qu'elle était mariée », comme elle l'a prétendu dans son interview, Blake n'a rien oublié, lui. Et il compte bien accuser sa femme d'adultère du fond de sa cellule où il est retourné après avoir échoué à un contrôle de routine antidrogue. Six mois plus tard, en juillet, les avocats d'Amy ne contesteront pas l'accusation et le divorce sera prononcé, en l'absence des deux ex-époux. Fin d'un couple sulfureux et tapageur, après deux années d'amour branché sur cent dix mille volts et autant de disjonctages intempestifs. Amy va-t-elle remonter la pente maintenant qu'elle est débarrassée de Blake ? Au prix d'épuisantes rechutes et d'un courage surhumain, soutenue par sa famille et son manager-ami Raye Cosbert, elle a déjà réussi à tenir la drogue à distance de sa vie. Voilà plusieurs mois qu'elle est clean. Mais on ne vient pas à bout d'une addiction sans la voir souvent remplacée par une autre, et Amy boit de plus en plus. En janvier 2010, elle comparaît au tribunal pour avoir agressé le directeur d'un théâtre. Et les concerts qu'elle donne, au cours des années 2010 et 2011, témoignent à la fois de sa passion toujours vivace pour la musique et de son impuissance à ne pas monter sur scène sans s'adonner à la boisson avant, pendant ou après.

Elle chante en compagnie de Mark Ronson en juillet 2010 sur la scène du 100 Club à Londres, et s'en tire plutôt bien. De belles retrouvailles marquant la fin d'une guerre froide entre les deux collaborateurs : Ronson n'avait en effet pas apprécié qu'Amy, à l'époque sous l'emprise de la drogue, ne soit pas en état d'enregistrer leur morceau prévu pour être la B. O. du nouveau James Bond, *Quantum of Solace*. Il avait alors purement et simplement annulé les séances en studio. Ils avaient été remplacés au pied levé par Jack White et Alicia Keys.

Autre moment musical fort, sa mini-tournée de cinq concerts au Brésil, en janvier 2011, qui marque le come-back d'une Amy telle que ses fans l'aiment : physiquement rayonnante, vocalement envoûtante, drôle et à l'aise sur scène. Une tournée très bien payée, qui lui rapportera cinq millions de livres. Elle y interprète deux reprises qu'elle compte inclure à son troisième album, qui se fait toujours attendre : *I'm On The Outside Looking In*, un morceau de Little Anthony and the Imperials, repris par Smokey Robinson et Johnny Mathis entre autres, et *Boulevard Of Broken Dreams*, écrit pour le film de 1934 *Moulin Rouge* et popularisé par Tony Bennett. Exactement le genre de musique qu'apprécie Amy qui a, par ailleurs, enregistré en 2010 une reprise de *It's My Party* de Lesley Gore, pour une compilation en hommage à Quincy Jones, « *Q : Soul Bossa Nostra* ». Ce dernier titre est produit par Mark Ronson et la voix d'Amy, travaillée à la Marlboro, y fait encore une fois des merveilles.

Amy semble aller mieux, alterne les périodes de sobriété avec les périodes nettement plus alcoolisées où elle boit jusqu'à se sentir mal. Sentimentalement, sa vie est plutôt au beau fixe. Si elle n'a pas réussi à couper définitivement les ponts avec Blake qui la harcèle encore au téléphone – il a été envoyé en prison en mars 2011 pour vol et possession d'arme à feu –, elle a rencontré Reg Traviss, un réalisateur de films underground, dont elle est amoureuse. Elle envisage même de vivre avec lui dans sa maison de Camden et de l'épouser. Sur les photos des tabloïds, ils forment un beau couple et Amy, en meilleure santé et le teint à nouveau velouté, rayonne.

Sur cet album en hommage à Quincy Jones (« *Q: Soul Bossa Nostra* », 2010), Amy Winehouse reprend le titre *It's My Party* de Lesley Gore.

Professionnellement, elle s'investit aussi avec enthousiasme, en octobre 2010, dans deux nouveaux projets : sa collaboration à la collection capsule de vêtements Fred Perry, et la création de son propre label de musique, Lioness Records, dont la première artiste signée serait sa protégée de quinze ans, Dionne Bromfield, qu'elle trouve extrêmement talentueuse. Elle confiera à *L'Express Styles* à cette occasion : « Ma principale source d'inspiration (pour m'habiller) a été ma "Nan", ma grand-mère paternelle, Cynthia Winehouse, une chanteuse de jazz merveilleuse... Qu'elle repose en paix. (Elle est décédée en 2006.) C'était la plus douce, la plus forte, la plus extraordinaire des personnes que j'aie connues dans ma vie. Je faisais tout ce qu'elle me disait. [...] Récemment, j'ai créé un label de disques et je me demandais comment l'appeler : en regardant le pendentif en forme de lion qu'elle m'avait offert, je l'ai baptisé Lioness, en hommage à son courage. » Le 20 juillet, lors d'une de ses dernières apparitions publiques, elle montera sur scène pour soutenir sa protégée, qui chante au festival Itunes. Elle esquisse quelques pas de danse, refuse le micro que Dionne lui tend, puis s'en va.

Amy Winehouse sur scène avec Mark Ronson au 100 Club London, le 6 juillet 2010, à Londres.

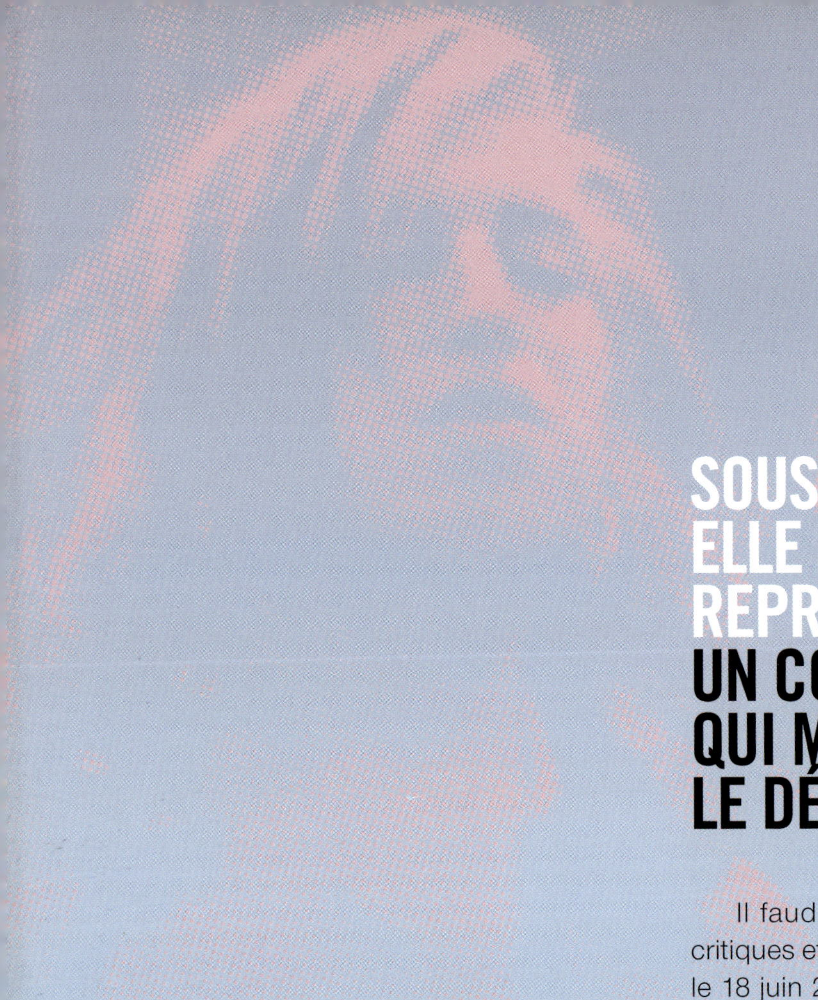

SOUS LES SIFFLETS, ELLE SORT À PLUSIEURS REPRISES DE SCÈNE. UN CONCERT-CATASTROPHE QUI MARQUERA LE DÉBUT DE LA FIN.

Il faudra aussi un courage de lionne à Amy pour affronter les critiques et les huées du public lors de son dernier concert à Belgrade, le 18 juin 2011. Squelettique, ivre, soutenue par l'un de ses choristes, elle tient à peine debout, marmonne des bribes de chansons et se montre incapable de suivre ses musiciens. Sous les sifflets, elle sort à plusieurs reprises de scène. Un concert-catastrophe qui marquera le début de la fin pour Amy : elle est obligée d'annuler toutes les dates de la tournée européenne prévue cet été-là.

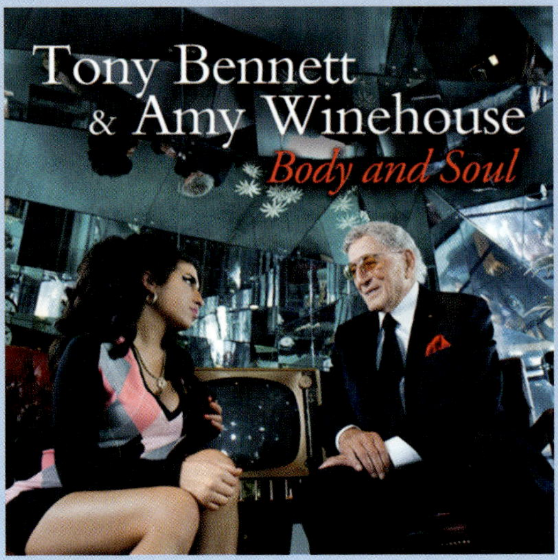

On croit à une renaissance possible cependant en apprenant qu'elle va enregistrer un duo avec Tony Bennett, le légendaire crooner de 84 ans qui projette de sortir un album de duos avec Norah Jones, Mariah Carey et quelques autres. Le chanteur témoignera : « Elle s'est immédiatement accaparé la chanson et a tout de suite pigé ce qu'il fallait faire, ce qui au final a exigé très peu de prises. Moins d'une journée de travail. C'est en cela qu'elle possède l'étoffe des très grands. Et là, je parle de Dinah Washington et Frank Sinatra, pardon ! Oui, moins d'une journée de travail, ce qui, vu son état, est un autre petit miracle : Amy était complètement défoncée, vraiment partie. [...] Je l'ai sentie désespérée. » Mais ce sera la dernière vidéo d'Amy Winehouse, qui, visiblement ailleurs, ressemble plus que jamais dans ce document à une Elizabeth Taylor splendide et ivre qui viendrait de se disputer avec Richard Burton.

À un journaliste qui lui demandait en 2007 quelle était sa plus grande peur, elle avait répondu candidement : « Mourir vieille ou ne jamais rencontrer Tony Bennett. Si je ne le rencontre jamais, autant que je meure. »

Amy Winehouse en concert
au Kalemegdan Park,
à Belgrade en Serbie,
le 18 juin 2011. Ce sera
la dernière prestation live
de la chanteuse avant
sa mort, le 23 juillet 2011.

10 THIS IS THE END

Ce jour-là, le vendredi 22 juillet 2011, il pleut sur Londres. Un temps à se croire en novembre, en bottes de caoutchouc, à s'abriter dans l'échoppe d'un restaurant pour y déguster, avec les doigts, un fish & chips bien gras. Ce jour-là, Amy déjeune en tête à tête avec sa mère. Janis est contente de la voir, mais sa fille semble « déphasée et fatiguée. » Amy a beaucoup dormi la veille et vient juste de se lever. Elle est obsédée par un album de photos d'enfance qui s'était perdu dans un déménagement et qu'elle vient de retrouver. Elle pointe le doigt sur les photos en murmurant : « Oh ! maman, Alex était vraiment un adorable bébé, tu ne trouves pas ? » Elle parle de Reg et de son amour pour lui. Puis, lorsque sa mère se lève pour partir, elle l'étreint et lui dit : « Je t'aime, maman. » « Je chérirai toujours ces mots, dira Janis plus tard. Je suis heureuse de l'avoir vue à ce moment-là. Car j'ai senti qu'il n'était plus qu'une question d'heures avant qu'elle ne parte. »

Dans la journée, un médecin qui la suit pour un traitement contre l'alcoolisme à la clinique Priory et l'examine a pourtant conclu que tout allait bien. Dans la soirée, Amy joue de la batterie dans sa chambre jusqu'à ce qu'Andrew Morris, l'un de ses quatre gardes du corps qui se relaient pour assurer sa sécurité, monte pour lui dire de faire moins de bruit, pour ne pas déranger les voisins. Il la trouve juste un peu « éméchée ». Vers trois heures du matin, Kristian Marr, un ami d'Amy,

Parmi les multiples hommages, graffiti à la mémoire d'Amy Winehouse, à Londres, le 27 juillet 2011.

reçoit un texto d'elle disant : « Je serai toujours là. Mais est-ce que tu vas bien ? » Il ne découvrira le SMS que le lendemain matin car il est à la campagne, endormi. Il dira : « C'était un texto typiquement à la Amy. Elle s'inquiétait toujours beaucoup plus pour ses amis que pour elle. » Le lendemain matin, Andrew va s'assurer qu'Amy dort toujours, puis redescend. Quelques heures plus tard, il s'aperçoit qu'elle ne dort pas et donne l'alerte. En ce 23 juillet, Amy est morte.

Au même moment, Mitch qui a voyagé toute la journée, est arrivé chez des amis à New York où il doit donner quelques concerts pour promouvoir l'album de classiques du jazz qu'il a sorti en 2011. Il prend la terrible nouvelle en plein cœur. Et attrape le premier avion. La nouvelle commence à se répandre dans le monde entier ; déjà les premières spéculations vont bon train. On évoque un abus de médicaments, une overdose d'ecstasy arrosé d'alcool. Personne en réalité ne sait, pas même la police, à quel mal elle a succombé. Une enquête criminelle est ouverte. Pendant ce temps, les hommages d'artistes affluent sur Twitter, comme celui de Mark Ronson qui écrit : « Musicalement, c'était mon âme sœur et aussi une vraie sœur pour moi. Ce jour est l'un des plus tristes de ma vie. » D'autres personnalités, comme Lily Allen, M.I.A., Dita Von Teese, Adele, Robbie Williams, Lady Gaga, Russel Brand ou Usher rédigent des phrases plus ou moins senties à sa mémoire. Blake pleure Amy en expliquant au *Sun* qu'il a perdu l'amour de sa vie et reste inconsolable.

Devant son dernier domicile, des centaines de fans rassemblés veillent toute la nuit. Ils déposent des dizaines de petits mots, cadeaux, peluches, bougies allumées, pour exprimer leur tristesse et leur admiration pour la star défunte. Ses deux albums s'arrachent dans les magasins ou sur iTunes. Londres est en deuil d'Amy pour quelques jours encore.

Le 26 juillet ont lieu les funérailles au Golders Green Crematorium, où Amy sera incinérée. La cérémonie se déroule dans l'intimité, mais les photographes ont le temps de prendre en photo ses amis célèbres venus lui rendre un dernier adieu. Côté style, l'enterrement est un modèle du genre, à la hauteur de celle dont on célèbre la mémoire.

Dans le monde entier, l'annonce du décès d'Amy Winehouse fera naturellement la une de tous les tabloïds qui se sont nourris de ses déboires, mais aussi de nombreux magazines.

DEVANT SON DERNIER DOMICILE, DES CENTAINES DE FANS RASSEMBLÉS VEILLENT TOUTE LA NUIT.

Mark Ronson (au centre) et le présentateur Nick Grimshaw (à droite) se rendent au cimetière de Edgwarebury Lane, à Londres, le 26 juillet 2011, pour les obsèques d'Amy Winehouse.

BONNE NUIT, MON ANGE.
DORS BIEN. PAPA ET MAMAN T'AIMENT TRÈS FORT.

La kippa d'Alex Winehouse, les Wayfarer de Nick Grimshaw, les derbys de Bryan Adams, le nœud dans les cheveux de Kelly Osbourne ou la cravate de Mark Ronson semblent tous sortis des pages glacées d'un magazine de mode. De là-haut, la diva rebelle doit sourire d'aise.

Tout comme elle doit s'émouvoir de la simplicité de l'oraison funèbre de Mitch qui conclut par ces mots, cités dans son livre : « Récemment, Richard m'a montré un cahier d'école d'Amy qui datait de 1995. Elle avait dessiné un cœur qu'elle avait partagé en différentes sections : Alex, sa maman et moi. C'était juste après notre divorce. Elle avait écrit sur une des pages que je lui manquais.

C'était la première fois que je voyais ce cahier.

À la dernière page, elle avait écrit : "J'aime vivre... et je vis pour aimer." Elle n'avait que douze ans.

Bonne nuit, mon ange. Dors bien. Papa et Maman t'aiment très fort. »

Ce n'est qu'en octobre 2011 qu'on apprend la vérité sur la mort d'Amy. Sujette à des périodes d'abstinence suivies de périodes où elle buvait beaucoup, ce qui avait provoqué chez elle à plusieurs reprises des attaques, elle a succombé à une dose mortelle d'alcool. Son sang présentait un taux d'alcoolémie cinq fois supérieur à la limite légale, soit 416 mg d'alcool pour 100 ml de sang.

CI-DESSUS :
Janis Winehouse, la mère d'Amy à la sortie du St Pancras Coroners Court, pour l'enquête sur la mort de sa fille, le 26 juillet 2011, à Londres.

EN HAUT À DROITE :
Mitch Winehouse, le père d'Amy, pleure à la vue du parterre de fleurs déposées en hommage à sa fille, dans le square de sa maison de Camden, le 25 juillet 2011, à Londres.

Dans un même élan, l'ensemble de la presse musicale a très dignement célébré la mémoire d'Amy Winehouse.

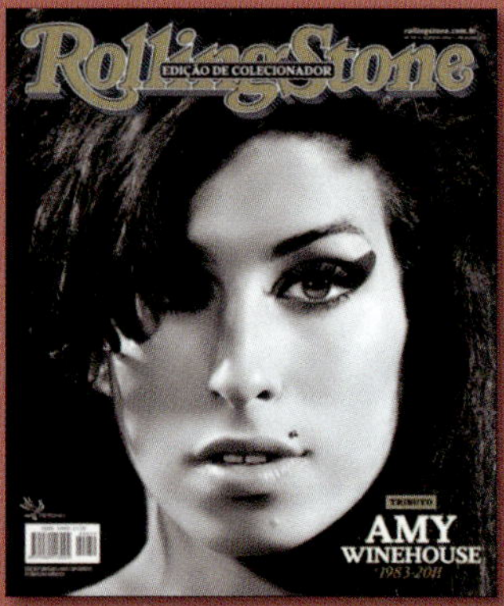

DÈS L'ANNONCE DE SA MORT, LA PRESSE GLOSE SUR L'ENTRÉE D'AMY AU TROP FAMEUX "CLUB DES 27"

Dès l'annonce de sa mort, la presse glose sur l'entrée d'Amy au « club des 27 ». En disparaissant à l'âge fatidique de vingt-sept ans, elle aurait ainsi rejoint ce « stupide club », pour reprendre ce mot de la mère de Kurt Cobain. Un club qui compte parmi ses membres le bluesman Robert Johnson, Brian Jones, retrouvé mort noyé dans sa piscine, Jimi Hendrix, victime d'une overdose de médicaments, Janis Joplin, morte d'une surdose d'héroïne, Jim Morrison, décédé d'une crise cardiaque dans sa baignoire et Kurt Cobain, suicidé par balle, tous disparus avant d'avoir fêté leurs vingt-huit ans. Une liste non exaustive à laquelle il faudrait ajouter, entre autres, Peter Ham de Badfinger, Pete de Freitas d'Echo & the Bunnymen ou encore Kristen Pfaff de Hole. Faut-il y croire ? Un livre entier est en tout cas sorti sur le sujet en 2009 : *The 27s : The Greatest Myth of Rock & Roll*.

Une chose est sûre : dans le rock ou la soul, la mort fait vendre. Et « *Back to Black* » se retrouve cet été-là rapidement numéro un, un peu partout en Europe comme aux États-Unis. Le 14 septembre, jour de naissance d'Amy, sort le duo *Body and Soul*, qu'elle interprète aux côtés

Amy Winehouse en compagnie de Nas, au Kyashii Club, en juillet 2010, à Londres.

de Tony Bennett. L'intégralité des recettes est reversée à la Fondation Amy Winehouse, créée par ses parents pour venir en aide à des jeunes malades ou victimes d'addictions diverses, et le duo recevra même en 2012 un Grammy Award posthume du meilleur duo pop. Enfin, l'inévitable troisième album posthume, « *Hidden Treasures* », est mis en vente en novembre 2011. Une cuvée honorable, réalisée par Salaam Remi et Mark Ronson, contenant, entre autres trésors cachés, des démos inédites, deux compositions nouvelles dont un duo avec Nas et une ballade sautillante, *Between The Cheats*, une reprise de *The Girl From Ipanema*, ou, de Carole King, *Will You Still Love Me Tomorrow*. Amy n'a pas eu le temps d'enregistrer autre chose.

« La vie est courte et on apprend tous les jours », répondait-elle en 2007 à un journaliste qui lui demandait quelle était la plus importante leçon que l'existence lui avait donnée.

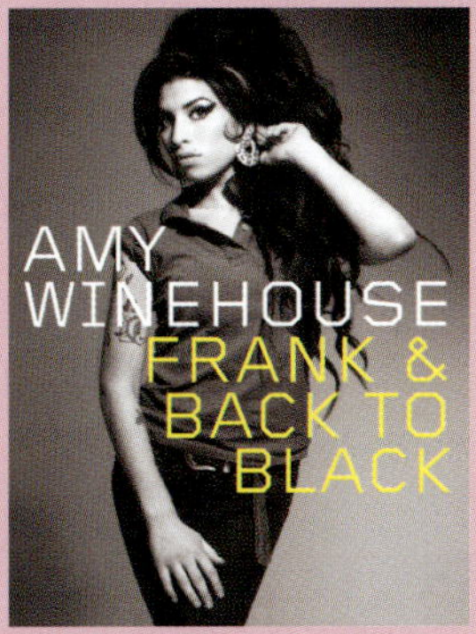

Le single de Nas + Amy Whinehouse - *Just Friends* [Urban Noize Remix], et le coffret en édition limitée regroupant les albums «*Frank*» et «*Back To Black*», version deluxe.

À l'instar de cette inscription gravée sur un arbre, le 2 août 2011, de multiples témoignages d'affection dédiés à la mémoire d'Amy Winehouse, furent déposés dans le square, devant sa maison de Camden à Londres, où elle fut retrouvée morte le 23 juillet 2011.

R.I.P
AMY
SWEET
DREAMS
To Amy
RIP
Love

AUJOURD'HUI...

Affiche d'un concert hommage à Amy Winehouse organisé à Kuala Lumpur les 9 et 10 décembre 2011.

Aujourd'hui, Janis et Mitch consacrent le plus clair de leur temps à rassembler des fonds pour la Fondation Amy Winehouse. « J'ai l'intention d'y consacrer le reste de ma vie », a dit le père de celle qui chantait *My Daddy thinks I'm Fine*...

Alex Winehouse vit à Londres avec sa femme, Riva, qu'il a épousée en novembre 2011. Son compte Twitter célèbre la mémoire de sa sœur.

Blake Fielder-Civil est sorti de la prison Armley à Leeds où il purgeait une peine de trente-deux mois de prison pour avoir cambriolé un domicile sous la menace d'un faux pistolet. Il s'apprêterait à sortir un livre sur sa version de l'histoire.

Quant à Amy, elle est aujourd'hui considérée comme étant l'auteur-compositeur du seul chef-d'œuvre soul des années 2000. Et une interprète hors pair qu'on n'a pas fini de regretter...

Amy Winehouse sur scène,
aux Mercury Music Awards 2007,
le 4 septembre en Angleterre.

Amy Winehouse à Londres, le 3 octobre 2007.

BIBLIOGRAPHIE DISCOGRAPHIE

BIBLIOGRAPHIE

Amy ma fille, Mitch Winehouse, Flammarion.
Amy Winehouse destin foudroyé, Chas Newkey-Burden, Albin Michel.
Amy, Amy, Amy, l'histoire d'Amy Winehouse, Nick Johnstone, Éditions N°1.
Saving Amy, Daphne Barak, New Holland.
Black, Busty, Naïve.

DISCOGRAPHIE

ALBUMS

Frank, 2003, Island/Barclay/ Universal.
Back To Black, 2006, Island/Barclay/Universal.
Back To Black, version deluxe limitée, 2007, Island/Barclay/Universal.
Hidden Treasures, 2011, Island/Barclay/Universal.
The BBC Sessions, coffret CD et DVD, novembre 2012, Island/Barclay/Universal.

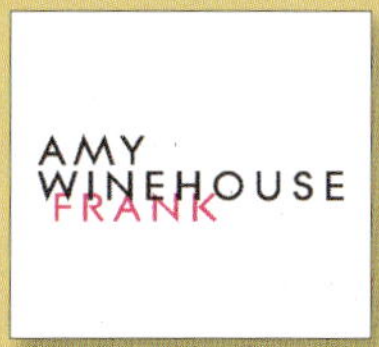

SINGLES

Stronger Than Me, 2003.
F Me Pumps / I Heard Love Is blind***, 2003.
Take The Box, 2004.
In My Bed / You Sent Me Flying, 2004.
Rehab, 2006.
You Know I'm No Good, 2007.
Back to Black, 2007.
Tears Dry On Their Own, 2007.
Valerie (featuring Mark Ronson), 2007.
Love Is A Losing Game, 2007.
B Boy Baby (Mutya Buena featuring Amy Winehouse), 2007.
Just Friends, 2008.
Body And Soul, Tony Bennett et Amy Winehouse, 2011.
Our Day Will Come, 2011.

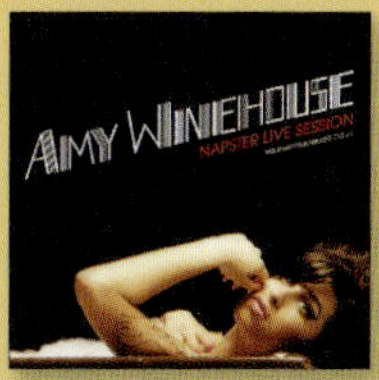

PARTICIPATIONS

Reprise de ***Cupid*** de Sam Cooke sur la compilation ***Radio Established 1967***, 2007.
Reprise de ***It's My Party*** de Lesley Gore sur l'hommage à Quincy Jones ***Q : Soul Bossa Nostra***, 2010.
Cherry wine, duo avec Nas sur son album, ***Life is good***.

DVD

I Told You I Was Trouble (Live in London), 2008.
The Girl Done Good, 2008.
The Final Goodbye, 2011.
In Memory Of Amy Winehouse 1983-2011, 2011.
Let's Be Frank, 2012.
Amy Winehouse – Love Is A Losing Game, 2012.
The Strat Pack : live in concert, 2005.

We love you Amy xx
LOVE TO THE WINEHOUSE FAMILY
MEMORIAL LIGHT for YAHRZEIT and YOM KIPPUR

LOVING MEMORY
-MARIE + SEAMUS (DUNGANNON N. IRELAND)
R.I.P.
WE REMEMBER U 4 EVER
Philip McGuigan
R.I.P.
REST
PEA

J'AIME VIVRE...

ET JE VIS POUR **AIMER.**

Remerciements
À Zoé et Tallulah Cassavetti, Laurent Mereu- Boulch, Maud Fournier, Emmanuelle Buffard, Hugo Cassavetti, Denise Sarembaud, Renaud Combaret, Docteur Philippe Peyronnet, Orelsan, Thierry Gicquel, Melissa « Chérie » Phulpin, Lou « Rougets » Munden, Docteur François Piot à SOS Médecin, Béatrice Copper-Royer, psychologue, Florence Müller, Benjamin Biolay, Charlotte Gainsbourg, Patti Smith, Carla Bruni-Sarkozy et Grace

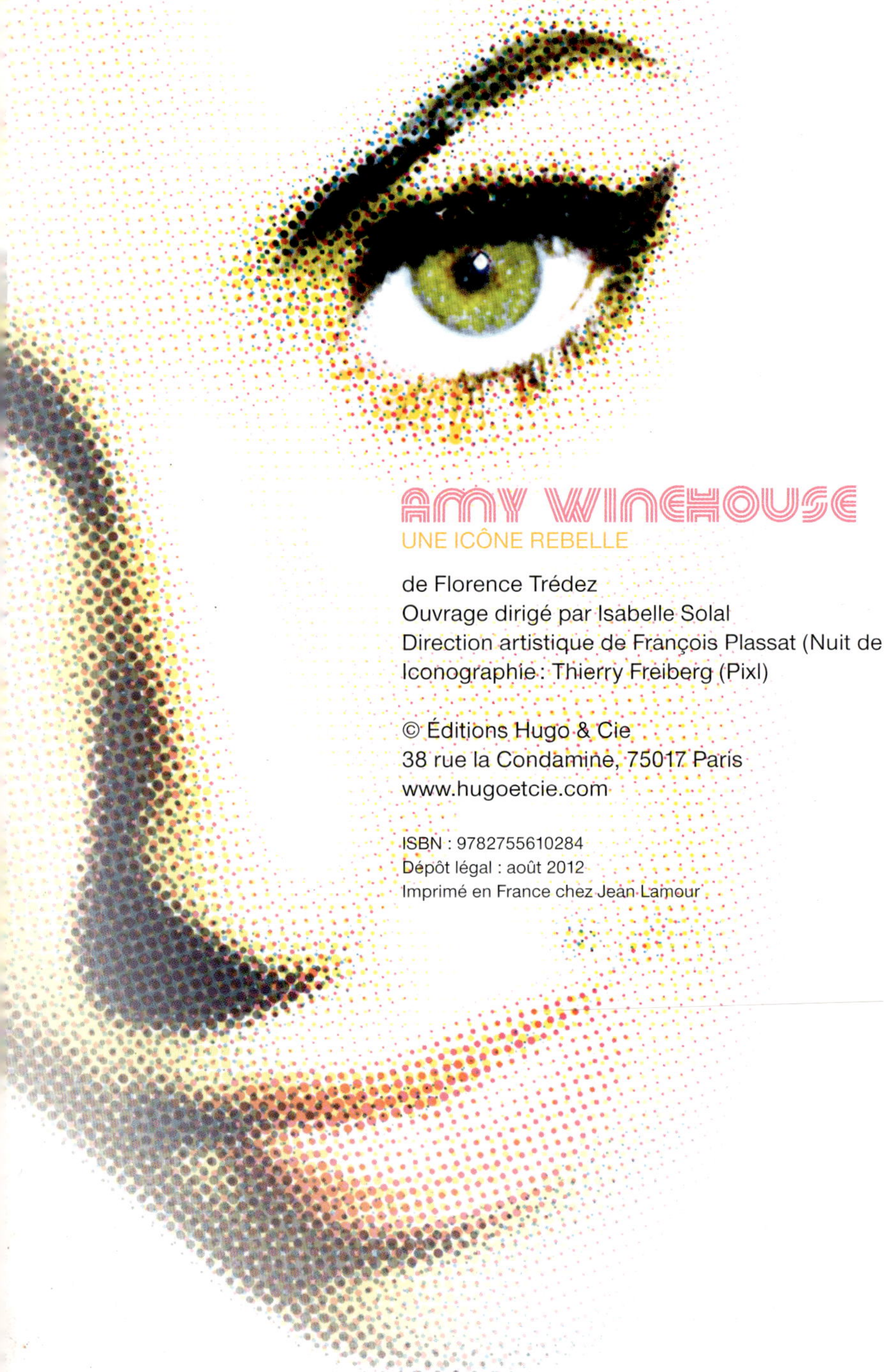

AMY WINEHOUSE
UNE ICÔNE REBELLE

de Florence Trédez
Ouvrage dirigé par Isabelle Solal
Direction artistique de François Plassat (Nuit de Chine)
Iconographie : Thierry Freiberg (Pixl)

38 rue la Condamine, 75017 Paris
www.hugoetcie.com

ISBN : 9782755610284
Dépôt légal : août 2012
Imprimé en France chez Jean Lamour

Photographies

Getty Images :
© Mark Allan/WireImage : pages 41, 57 ;
© Keiny Andrade/LatinContent/Getty Images : 115 ;
© Alexandro Auler/LatinContent/Getty Images : 108 ;
© Barcroft Media/FilmMagic : 59, 92 ;
© Daniel Boczarski/Redferns : 65 ;
© Dave M. Benett/Getty Images : pages 71, 73D ;
© Bob Berg/Getty Images : 24D ;
© Paul Bergen/Redferns : 39 ;
© Gianfranco Calcagno/FilmMagic : 68 ;
© Sandy Caspers/Redferns : 103 ;
© Gareth Cattermole/Getty Images : 128-129 ;
© Chris Christoforou/Redferns : 96-97 ;
© Gareth Davies/Getty Images : 19 ;
© Fred Duval/WireImage : 138 ;
© Jim Dyson/Getty Images : 140-141, 134-135 ;
© Joey Foley/FilmMagic : 64 ;
© Shirlaine Forrest/WireImage : 63 ;
© Jon Furniss/WireImage : 91G et 91D ;
© Getty images : 102, 133 ;
© Ross Gilmore/Redferns : 117 ;
© Steve Granitz/WireImage : 53 ;
© Gregg De Guire/WireImage : 23 ;
© Steve Hall/WireImage : 47 ;
© Nick Harvey/WireImage : 54 ;
© Dave Hogan/Getty Images Entertainment : 73, 75 ;
© Samir Hussein/Getty Images : 58, 121 ;
© Mick Hutson/Redferns : 24G ;
© Sal Idriss/Redferns : 33 ;
© Graham Jepson/WireImage : 43, 51 ;
© JMEnternational/Redferns : 80-81, 84, 137 ;
© Elina Kechicheva/Contour by Getty Images : 67 ;
© Sylvia Linares/FilmMagic : 101, 101HD, 101BD, 107 ;
© Michel Linssen/Redferns : 22 ;
© Peter Macdiarmid/Getty Images for Naras : 85 ;
© Hayley Madden/Redferns : 44-45 ;
© Mike Marsland/WireImage : 36 ;
© Danny Martindale/WireImage : 8, 98, 112, 130, 131 ;
© Kevin Mazur/WireImage : 26, 42, 61, 95 ;
© Neil Mockford/FilmMagic : 50, 105, 125 ;
© Stuart Mostyn/Redferns : 35 ;
© Niki Nikolova/FilmMagic : 49 ;
© Michael Ochs Archives/Getty Images : 69BG ;
© Gabriel de Paiva/Globo via Getty Images : 111 ;
© Peter Pakvis/Redferns : 4 ;
© Andy Paradise/WireImage : 87, 89 ;
© John Ricard/FilmMagic : 83 ;
© Kerstin Rodgers/Redferns : 90 ;
© J Ross/Getty Images : 55 ;
© Rick Smee/Redferns : 30 ;
© Sam Snap/FilmMagic : 118 ;
© Srdjan Stevanovic/WireImage : 123 ;
© Jason Squires/WireImage Pages 2-3, 6-7 :
© Gus Stewart/Redferns : 52, 109 ;
© Daniel Stier/Contour by Getty Images : 79 ;
© Chris Uncle/FilmMagic : 31 ;
© Rob Verhorst/Redferns : 29 ;
© Tim Whitby/WireImage : 34 ;
© Judith White/Bloomberg via Getty Images : 69 HD ;
© Kevin Winter/Getty Images : 76- 77.

Sipa : © Rex Features-SIPA : 13

Wenn : © Wenn-Allpix : 14